# 反体罰宣言

日本体育大学が超本気で取り組んだ
命の授業

南部さおり

春陽堂書店

# 反体罰・反暴力宣言

学校法人 日本体育大学
理事長　松浪《まつなみ》 健四郎《けんしろう》

私の右腕は、真っすぐ上にあがらない。左腕にいたっては、利き腕にもかかわらずボールさえも投げられない。長年、柔道やレスリングに打ち込み、様々な負傷をした後遺症である。格闘技のごとく激しいスポーツに取り組めば、たいていの人は大小問わず負傷を体験する。で、勲章のように後遺症をもつ。

スポーツに興じるということは、リスクを背負うことでもある。身体活動として心身の発育・発達に間違いなく役立つが、常にリスクとは隣り合わせの関係にある。が、このリスクについての研究家は、この国に登場せず、ひたすらスポーツの利点を説く専門家ばかりであった。リスク研究は、スポーツ振興上のマイナス点を説き、スポーツ関係者からすれば邪魔に映ったかもしれない。しかし、間違いなく、スポーツに取り組めば、リスクを背負うのだ。

ならば、そのリスクを最小限に食い止める、またリスクを防止するリスク・マネジメント研究を急がねばならない。体育・スポーツを専らとする日本体育大学こそが世に先駆けて率先して研究し、その成果を世に問う必要性を痛感していた。すでにどの学校においてもスポーツ事故が起こり、多数の犠牲者を出してきた現実に目をつぶるわけにはまいらないばかりか、事故の究明・解明をなおざりにしてきたスポーツ界の悪癖にピリオドを打たねばならない、と私は考えてきた。

スポーツによって大きなケガをしたアスリートや、尊い命を奪われた犠牲者たち。「運が悪かった」で済まし、原因を分析すれば、指導者に問題があったと判明するかもしれない。指導力不足、指導者の人間性の問題、これらも追及される可能性もあろう。が、日本人社会には、スポーツ事故の際、なぜか指導者に免罪符を与える歴史的な伝統が沈澱していた印象を受ける。それは未熟な指導者の輩出に繋がることだ、と理解しておかねばならない。

アメリカの大学には、トレーナー室があって、ケガ防止のためにテーピングを施す。アスリートの義務である。アメリカン・フットボールの防具の発達は、リスク・マネジメントの研究が大きく影響してきた。プロ野球においても多様な防具は日進月歩、リスクを強く意識している。しかし、わが国にあってはこの種の研究が遅れている。それは、日本人の身体観とも関係が深いように私は感じている。

たとえば、相撲、柔道、レスリング、ラグビー等の練習に熱心であると、両耳が『カリフラワー』と呼称されるタコができる。欧米人はこれらの現象を嫌うのに対し、日本人は修行の証しとして捉える。逆に日本人は『刺青』を認めようとしないが、欧米人は気にしない。親からいただいた身体にキズをつける発想は、儒教的には許されないと私たちは考える。

『体罰』については、日本体育大学は谷釜了正《たにがまりょうしょう》学長時代に〝反体罰・反暴力宣言〟を行った。古い悪しき習慣や伝統に支配されていた運動部のあり方、寮や合宿所での生活、すべてを見直した。谷釜学長のリーダーシップであった。この〝反体罰・反暴力宣言〟は、NHKニュースでも報じられ徹底されるようになった。どの大学よりも多く体育・スポーツ指導者を養成する日体大にあっては、当然のことであった。

そこへ南部《なんぶ》さおり先生が、日体大の招聘《しょうへい》に応えてくださった。これで日本初の『スポーツ危機管理研究所』を設置できると思った。南部先生には、「日体大にはタブーなし」、自由に元来の思考や先入観に束縛されずに研究、活動されることを切望する。好きなスポーツで、ケガをしたり、命を失わせないようにするために、である。

# 目次

# はじめに

日本体育大学（以下、日体大と略称）で、学校管理下でわが子を亡くした遺族たちを招いてお話して頂くという研修会が毎年の恒例行事となってから、今年で4年目となる。

わずか十数年の短い命であったわが子を、安全であるはずの学校での活動によって亡くしてしまった親は、わが子が生まれてきた意味を考え、気が狂わんばかりに煩悶する。生きる希望に満ちていたはずの人生の初期において、苦しんで、苦しみ抜いて、こんなに若くして死ぬために生まれてきたというのであれば、その命には一体どのような使命があったのだろうと、考えずにはいられないのだ。

そして多くの遺族たちは、「わが子は自らの死をもって、未来の子どもたちの命を救おうとしたのではないか」との考えに行き着く。また、「わが子と同じような被害者をもう出したくない」と、亡きわが子の意を酌み、その命の意味を未来につなぎ続けるために、多くの人たちに語り続けようと考えるのである。

## 部活動問題ブーム

私は前任校である横浜市立大学に所属している頃から、教育委員会や学校などに依頼され、かねてから専門としている児童虐待に関する講演を行っていた。柔道事故被害者の会や名古屋大学の内田《うちだ》良《りょう》先生などが、学校管理下における事故の問題について盛んに発信し続けていたため、２０１０年代以降、部活動問題はある種のブームとなっていた。

その中で私はあくまでも、児童虐待研究の一環として、子どもたちが学校の部活動で危険にさらされており、それは重大な児童虐待にあたるとの考えを持っていたために、その見解を説明する立場からの発信を行っていた。児童虐待と部活動での体罰・パワハラ問題はリンクする部分が非常に多かったこと、学校事故被害者の方々との交流などから、自分なりに部活動問題を分析し、児童虐待予防という観点から解決策を提示することが社会的使命であると、漠然と考えていたのである。

このようなブームの最中であったため、拠点を日体大に移してからは、すぐに体罰問題に関する講演の依頼が急増した。折しも、自治体が公立中高の運動部活動に外部指導員を積極的に導入し始めていた時期でもあり、外部指導員向けの安全講習の依頼もいくつかあった。

外部指導員は学校教員ではなく、多くの場合、その競技の経験者という緩い条件の下で採用されていたため、安全な指導を保証するものは何もなかったのだ。そのため、各自治体は積極的に外部指導員を対象にした研修会を導入し、強制的に受講させることをもって、部活動指導にあたっての安全意識を徹底させようとしていたのである。

## 研修会での罵詈雑言

ある自治体の外部指導員を対象とした研修会で、聴講者の前に立った時、会場内の空気の異様さにすぐに気づいた。会場の前列を陣取る受講者は、非常に熱心に話に耳を傾け、懸命にメモを取っている。しかし、後列の席にだらしなく座る受講者たちは、皆堂々とスマートフォンをいじったり、必死で何か内職を行っていたり、まったく聞く耳を持つ気がないと宣言するかのように窓の外を眺めたり、突っ伏して寝ていたりするのである。彼らが『強制参加』ということで、嫌々参加していることは明らかであった。それでも私は、ここまで態度の悪い受講者を前にして話すということが初めてだったため、思わずひるんでしまった。それまで多くの大学の、多くの学部で教壇に立っていたが、講堂にぎゅうぎゅうに詰め込まれた大学生でさえ、授業時にこんな態度を取る者は一人もいなかったのだ。

研修会が終わって回収されたアンケートに目を通すと、さらに驚いた。匿名であることをいいことに、罵詈雑言の嵐なのだ。

「現場も知らない人間に偉そうなことを言われたくない」

「この二時間は苦痛であった。勘違いした大学教員のために、無駄な時間を過ごすことになった」

「信頼関係があれば、それは体罰ではない。お前はこの『信頼関係』に泥を塗る気か」

「特殊な話をされたところで、何ら現場の役には立たない。部外者は去れ」


これらの言葉に目を通すうち、闘争心がわいてきた。こんな人たちに部活動を任せていては、子どもたちの命は危険にさらされ続ける。何とかしなければならない。心から、そう思ったのだ。

この研修会でした話は、多くの学校教員やスポーツ指導者の前でしている話とほとんど同じ内容であり、本書で紹介させていただく、いくつかの部活動中の死亡事例についても詳細に話していた。これまでの講演で、実際の事故事例のリアルな話に触れた時、多くの受講者たちは自分のことのように心を痛め、目には涙をため、真剣に話を聴いてくれていた。それらの事故からの教訓を挙げ、今からできるいくつかの部活動運営上の注意点を話すと、熱心にメモをとってくれて、講演後には質問の列ができるのが常であった。

もちろん、この日も熱心な指導員の方が大多数を占めてはいた。この方たちは、アンケートに真剣に答えてくれ、「今後の指導を見直すよいきっかけになった」、「生徒たちの安全という視点を徹底していきたい」と、好意的に書いてくださっていた。

暴言を書き殴る指導員はほんの数名にすぎなかったが、そこはかとない怒りを覚え、同時に自分の無力さを感じずにはいられなかった。彼らにとって私は所詮、大学の教員とはいえ、安全な場所にいて机上の論理を偉そうに並べ立てる人間に過ぎないのだということを、はっきりと自覚したのだ。

## 当事者たちからの語り

この立場のギャップをどう埋めるべきか。そこで考えついたのが、「部活動事故でわが子を亡くした親たちから、指導者たちに直接話をしてもらう」という方法だった。私のことは、どんなに軽んじてもらっても構わない。しかし、当事者である方々に対してしかるべき敬意を払わないのは、到底捨て置くことはできない。そう考えたのである。

この時の闘争心から、日体大の『部活動における学校事故・事件から学ぶ研修会』の構想が生まれた。まずは、知識もまっさらの状態で現場の手垢にまみれていない、指導者の卵である大学生たちを前に、「学校の部活動で実際に何が起きているのか」ということを事故の当事者たちから語って頂くことにした。それによって、学校管理下で起きる事故や事件を「自分事として」とらえてもらい、現場に行く前段階で安全指導に関する正しい意識を持ってもらうべきだと考えたのだ。

こうした活動は、わが子を学校で亡くしたご遺族からしても、まさに願ったりのことであった。これからの教育を担う若者にわが子のメッセージを伝えることができれば、二度と同じようなことを繰り返さないよう尽力してくれるに違いないと思ってくださっていたからだ。

結果として、この目論見は大成功であった。日体大生たちは次々と登壇してくださる被害者・遺族の話を真剣に聴いてくれ、涙を流してくれた。研修会後に回収されたアンケートにはびっしりと書き込みがされ、「今日うかがったお話を絶対に忘れません」、「この研修会を、全員が受講すべきだと強く思いました」、「わが子を失うということの辛さが、ひしひしと伝わってきて、涙が止まりませんでした。絶対に私は、同じようなつらい思いをする人を出しません」、「『部活動は生徒のため』であって、指導者のためではない。そのような勘違いをした指導者がいたら、止められる人間になりたいと思います」、「体罰は絶対にだめだということを、日体大から発信しなければならない。まずは、私から発信します」など、本当に心からの熱いメッセージが多数寄せられたのである。

私は、日体大でのこの成功に心を強くし、日体大以外でも、部活動指導者を対象にした講演の依頼を受ければ、できるだけ当事者の方と一緒に登壇するよう試みるようになった。やはり、実際に子どもを亡くした当事者の言葉は非常に重く、皆「自分事」として真剣に耳を傾けてくれた。

時間を巻き戻すことができれば、あの時私に罵詈雑言を書いてくれた指導員に当事者の声を届けたいくらいだったが、主催者があのネガティブ・メッセージに怖気づいたのか、二度とその場に呼ばれることはなかった。本当に残念なことである。

本書では、学校での運動部活動中に、指導者からの暴力的で危険な指導を原因として命を落とした子どもたちや、仲間が部活動で体罰を受けるのを目の当たりにして絶望し、死に追いつめられてしまった子ども、教師からの不適切な指導が直接の原因となって「生きるに値しない」と考えて自ら命を絶ってしまった子どもたち、大好きな友達がいじめられているのを止めることができず、その自責の念と復讐心から死を選んでしまった子どもなど、多くの子どもたちの話を紹介させて頂く。この子どもたちの親御さんたちはいずれも、これまで日体大の研修会に登壇され、日体大生たちに心を込めたメッセージを伝えてくださっている方々である。

この子どもたちが死をもって私たちに伝えてくれていることを、自分事として、どうか真摯に受け止めて頂きたいと願っている。

第1章

# 法医学教員だった私が日体大に行った理由

私は、法学部を出てから大学院の法学研究科に入学し、犯罪学で法学修士を取得した。その後、医学研究科の博士課程に進学し、医学博士を取得した後そのまま医学部の教員になった。法律から医学へと鞍替えした理由を話すと、少々長くなる。

まず、私が法学部に入学したのは、弁護士になりたかったからだ。

父親が中学校の社会科の教師であったということもあり、家の書斎には法律の本がいくつもあった。特にひときわ目を引く分厚さの『六法全書』は、山に囲まれた高知県のド田舎に住んでいた幼少の私にとって、何ともいえない高尚さをもって本棚に鎮座していた。開いてみても、何が書いてあるのかさっぱりわからない。だからこそ、この六法全書が象徴する法律の世界が、いつしか深い憧れの対象になっていたのである。

そして小学校高学年の頃、テレビで敏腕弁護士がこの六法全書を片手に、殺人の罪で逮捕されたクライアントの無実を晴らすというようなドラマを見た。この時から、私の将来の夢は弁護士になった。大学受験では、当然法学部一択であった。

しかし、いざ法学部に入学してみると、驚くほど授業が面白くない。座って聴いているのが苦行に感じるほど内容が頭に全く入ってこず、体は拒絶反応を起こした。同じように拒絶反応を示す学友は多くいたので、これは自分だけの責任ではないと考えることはできたものの、入学早々から暗黒の大学生活となること必至の状況であり、暗澹《あんたん》たる思いを抱いていた。

そこで、「習うより慣れろ」の荒療治を行うことを思いついた。憧れの法律事務所で、事務員のアルバイトを始めたのである。ここでの経験は、非常に貴重なものとなった。

ただし、そこで3年以上アルバイトを行ってみて、つくづく自分は弁護士という仕事には向いていないということを痛感した。困っている人を法律知識で助けるのはいいのだが、その後で多額の報酬を請求する手続きが、とても嫌だった。勝訴判決に喜び、満面の笑顔で頭を下げたクライアントが、請求書を見るなり鬼の形相になるのである。こんなシーンは、どの弁護士ドラマにも描かれていない。

また、そもそも司法試験に受かる頭脳も忍耐力もないということにも気づかされた。この時点で、大学4年生。特にほかにやりたいこともなかった。したがって、こういうモラトリアム人間の巣窟である、大学院に進学することにしたのである。そして、たまたま新聞を読んでいて問題意識をもった「児童虐待」を修士論文のテーマに選んだのだった。

私が修士論文を大学に提出したのが、2000年。児童虐待防止法がようやく制定された年だった。修士論文として一応はまとめたものの、私は不完全燃焼の気分であった。時代が時代だったので、未だわが国で児童虐待の研究は進んでおらず、この問題を扱う成書や論文も限られていたことから、法律の立場で児童虐待を扱うことに限界を感じざるを得なかったのである。しかし、私はもう少しこの問題について深く知りたいと思っていた。システム上の矛盾も多く感じていて、「何とかしたい」という思いも持つようになっていた。

そのため、思い切って博士課程に進学し、研究のフィールドを医学に移すことにした。医学分野では、すでに1950年代頃から児童虐待の研究が行われており、かなりの研究の蓄積があったからだ。

## 柔道事故被害者からの問い合わせ

法学部出身で、医学的知識が皆無の状態の私を、横浜市立大学の法医学教室は快く受け入れてくれた。もともと法医学は、法律のための医学である。その使命は、『法律上問題となる医学的な事項に解決を与え、司法の適正な判断に資すること』なのだ。

私が当時所属した法医学教室は頭部外傷、特に急性硬膜下血腫《きゅうせいこうまくかけっしゅ》の研究を行っていたため、児童虐待を研究したいという私のニーズとマッチングした。なぜなら、虐待で子どもは大人から殴られたり蹴られたり、投げられたり落とされたりするが、それが致命的になる場合、その死因の多くは頭部を強打したことによる急性硬膜下血腫、あるいは全身あざだらけになったことで体内の血液循環が損なわれて起こる外傷性ショックなどとなるからだ。

外傷性ショックはある程度その発症機序は医学的に明らかとなっているが、急性硬膜下血腫については、分厚い頭蓋骨の中に守られている脳の血管で起きる病変であり、どの程度の外力で起こるのかなどについては、未だ明らかとはなっていないという。そのため私は、医学研究科に入学して以降、児童虐待で起きる急性硬膜下血腫を最初の研究テーマとすべく、頭部外傷について猛勉強することになった。また、教室のメンバーは、文系の人間と接すること自体が珍しかったようで、医学についてまったくの素人である私を大変可愛がってくださり、スタッフや学生総出で、大げさでなく「手取り足取り」の英才教育を施してくれた。

おかげ様で、法医学教室での博士課程はあっという間に終わり、博士論文も無事書き終わり、折しも人手不足ということもあって、無事そのまま法医学教室に助手として残ることができた。翌年には、『助教』という新しいポストに昇進し、解剖と研究と学生教育の日々に明け暮れることになる。

そして2007年、私の運命を変える出来事があった。柔道事故で息子さんが障害を負い、裁判を起こそうとしているという女性が、私を訪ねてきたのである。

その方いわく、「インターネットで頭部外傷の研究をされている学者の先生を探していたら、横浜市立大学の法医学教室の教授さん（当時）が、その道での世界的権威だという情報を得た。しかし、そんな偉い先生にいきなりアポイントを取ることはためらわれたので、そのお弟子さんである先生にまずはお会いしようと考えた」ということであった。

## 「こんなに死んでるの……？」

うかがうと、学校や町の道場で行われる柔道で、毎年のように子どもたちが頭部外傷で亡くなったり、重度の障害を負っているのだという。２０１１年に現・名古屋大学の内田良准教授が公表した学校事故に関するデータでは、１９８３年から２０１０年までの27年間で、学校管理下での柔道によって死亡した児童・生徒が少なくとも１１０人に上っていたことが明らかにされた。平均すると毎年4人以上が亡くなっていることになる。また、直近の２００９年から２０１０年だけで、実に13人が亡くなっていたことも分かったという。明らかに異常な数である。そして、その死因の大部分が急性硬膜下血腫だというのである。

「うちの息子もそうなんですが、柔道で急性硬膜下血腫になった子どもたちの多くは、頭部の外表に明らかな打撲の痕がないんです。だから、柔道で投げられて発症したということの証明ができず、裁判では多くが敗訴しているんです」

信じがたい話であった。柔道を行っている最中であれば、頭を打つ以外に急性硬膜下血腫を発症するはずはない。急性硬膜下血腫を発症するほどの外力が頭部に加わったとすれば、例えば受け身の取り損ないのような状況で起きるとは考えにくく、ある程度の高さのある場所から畳に打ち付けられたような場合が最も想定しやすいだろう。そしてこのような場合、畳のように比較的柔らかな表面に頭を打ち付けているのであるから、いわゆるたんこぶや皮下出血のように外から分かる徴表《ちょうひょう》がなくてもおかしくない。このような受傷状況を、法医学では『ソフト・インパクト』と呼ぶ。

ある程度柔らかい表面であれば、頭をぶつけたとしても、ある程度衝撃が吸収されるため、頭蓋骨と頭皮との間にある筋肉組織が顕著に挫滅《ざめつ》しなくても不思議ではない。他方、「頭を畳にぶつける」という場合、脳は頭蓋骨の中で『脳脊髄液』という液体の中に浮いた状態で収納されているため、この急激な頭部の動きの変化の中で、脳は頭蓋内で大きく動くことになる。通常、急性硬膜下血腫は、頭蓋骨の下で脳を覆う丈夫な膜である『硬膜』と脳とをつなぐ『架橋静脈』という血管が切れてしまうことで起こる。架橋静脈は非常に細い血管であり、その解剖学的な構造上、頭部の前後方向の急激な動きに弱いのである。背負い投げや大外刈り、巴投げなど、柔道技で投げられた場合、

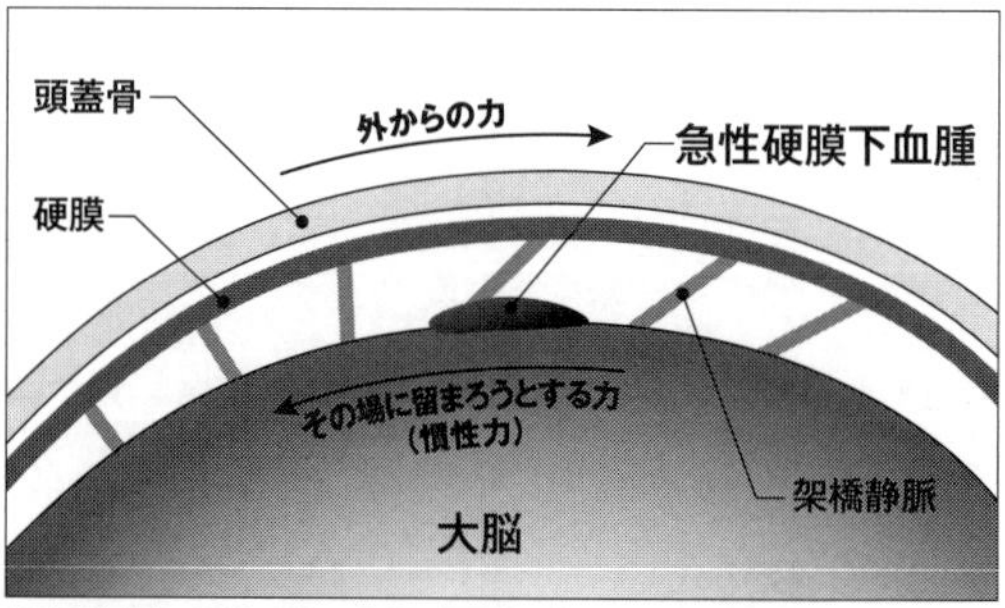

頭部外傷により、脳の表面（硬膜下）にできる血腫

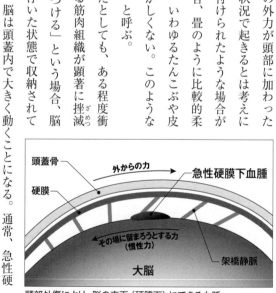

背中を畳に打ちつけることが多い。この場合に、勢い余って頭部も打ちつけていたとしても、一瞬のことであるから気づかれないこともあるかもしれない。柔道はコンタクトスポーツであるから、投げる人間と投げられる人間の体は密着しており、同体になって畳に落ちるようなことも少なからずある。

そもそも、学校管理下の活動によって外傷を負っていることは明らかなのである。急性硬膜下血腫は、『急性』と名がつく通り、原因となる衝撃によって頭部の血管が切れ、その切れた血管から急激に出血することによって、激しい頭痛や意識障害などの症状がたちどころに起きてくる。スポーツを行っている中学生や高校生などの若者はたいてい健康そのものであり、運動中に頭を強打したなどの事故が起こらない限り、頭蓋内出血で突然死亡することは考えにくい。先天的に脳血管に奇形があったような場合には出血しやすい傾向にあるかもしれないものの、そのような奇形を持つ生徒たちが柔道部に集まり、毎年のように柔道中に血管が破綻したと考えるには無理があるだろう。

この相談をきっかけとして、私は柔道事故に関心を持つようになった。これまでに急性硬膜下血腫に関する研究を行っていたこともあるが、さらに私が法学部出身者であることから、柔道事故被害者からの相談が相次ぐようになり、裁判を支援するようにもなった。

そして次第に、柔道事故以外の学校・スポーツ事故の被害者からの相談が相次ぐようになったのである。

## 子どもを「死なせた」学校の非情な対応にあぜん

こうして被害者たちと交流するうちに、学校管理下での重大な事故や事件は、これまで漠然と考えていた以上に、日本中でたくさん起きていることが分かった。こうした事例は『在校生への配慮』などから報道されないことも多く、また報道されたとしてもローカル・ニュースに限定されることが少なくないため、いくら報道に注意していても、情報として得られるものは限られているのである。

これらの被害者・遺族たちが一堂に会し、お互いの経験を語り合い、情報交換を行い、励まし合う場がある。2003年に発足した『全国学校事故・事件を語る会』である。この会では、数カ月に一度の割合で行われる『小集会』と、年に一度の『大集会』が開催されている。この『大集会』に、被害者の方たちに誘われて参加してみたのだが、そこに集結した被害者の数に驚いた。100名をゆうに超えているのである。そこでは、これまで出会うことのなかった自死遺族の方も多く含まれていた。いじめ自殺や、教師の不適切な指導をきっかけとして命を絶った、いわゆる『指導死』の遺族である。そこでは、個別報告と全体の意見交換会が行われていたが、学校管理下でわが子が傷つけられ、死に追いやられたにも関わらず、その後の学校からの非情な対応によって二重にも三重にも傷つけられた人々の憤りや悲しみが渦巻いていた。

本来であれば、大切なお子さんを家庭から託されているのであるから、大切に育み、大切なことを教え、毎日元気に家庭に戻すのが、学校の責務である。そのような場で子どもの命が粗末にされるようなことは、決してあってはならない。もし万が一、預かっている児童・生徒の身体や健康状態が損なわれるようなことがあったとすれば、速やかに事実関係を調査し、保護者に対して説明を尽くしたうえで謝罪し、再発防止を確約する必要がある。それが、学校の社会的責任の果たし方であろう。

しかし現実には、事件や事故、自死事案が起こった場合、学校は即座に事実を隠蔽し、決して保護者・遺族と向き合おうとはしない。説明を求めても言を左右し、言い逃れに終始し、何とか責任を逃れようとする。その過程で、被害にあった児童・生徒の名誉は傷つけられ、保護者・遺族の怒りは増幅するのである。とりわけ自死の場合、遺族がいかに学校側に問題があったと指摘しても、学校側は非を認めないだけでなく、「家庭に問題があった」「子育てに問題がある」「亡くなった生徒には人格的な問題があった」などと主張してはばからない。しかし、遺族が学校を相手に裁判を起こしたとしても、『自殺』という行為の引き金が本当に学校だけにあったと客観的に証明することは、非常に難しい。さらに裁判で学校側の過失責任を問う場合、「学校側がその生徒の生前に何らかの異変に気づくことができたのに、必要な手段を講じなかった」ということを遺族側が立証しなければならないのである。しかし通常、親は子どもを学校に送り出した後の出来事など、本人から聞かない限りは知る由もない。

学校側は「親子関係が正常なものであれば、子どもは自殺するほどの問題が起きたことを、親に相談するはずだ」と主張する。しかし、それは正しい子ども理解ではない。

家庭で大切に育まれた子どもは、学校で何かいいことがあった時、急いで家に帰り、早く親に話したいと思う。それは、自分の喜びを、親はもっともっと喜んでくれるということを知っているからである。それとは逆に、学校で心が押しつぶされそうな出来事があった時、それを親に言えば自分以上に心を痛め、悲しむだろうと考える。優しい子どもは、学校で心無い扱いを受けてなお、親にまでそんな理不尽な思いをさせたくないと考えるのである。そして子どもは、心の痛みに耐えきれなくなり、一人で死を選ぶことになる。親はそんな子どもの優しさが分かるからこそ、なんとか学校側に、わが子に謝ってほしいと考えるのである。それを、学校はクレーマー扱いする。

また、部活動中の事故のように、学校側の落ち度が客観的に明らかな場合でも、学校側はありとあらゆる抗弁を行う。「生徒の態度が非常に悪く、注意しても聞き入れる状況ではなかったため、自ら事故を招いた」「もともと体調不良があったのであり、その体調不良は家庭の管理の問題である」「当時の状況を精査しても、学校側には一切の落ち度はなかった。そのため、今回の事故はまったくの不慮のものであり、気の毒ではあるが学校に責任はない」などが、その代表的なものである。なお、いずれの場合にも、学校側はその主張を裏づけるような証拠を徹底的に集めるが、その主張と矛盾する事実については見て見ぬふりをしたり、積極的に潰しにかかる。事故が学校管理下で起きている以上、すべての証拠は学校側が握っているため、どのようにでも操作することができるのである。

私は、多くの被害者・遺族たちのお話を聞いて、どの方々も同じような経験をしていることを知り、暗澹たる思いになった。被害者・遺族たちの間では「きっとすべての学校には同じ危機管理マニュアルが配布されていて、そのマニュアル通りに対応しているのだろう」と噂されているほどである。

## 倉田《くらた》久子《ひさこ》さんとの出会い

全国で起きている柔道事故に対して危機感を抱いていた被害者たちが、2010年に『全国柔道事故被害者の会』を設立した。設立直後から、同会は精力的に事故防止のための啓発活動を行い、重篤な柔道事故の実態を広く世に知らしめた。全柔連も、同会の存在を無視できないほどになっていた。

前述したように、私は同会設立以前より柔道事故被害者家族との意見交流を行ってきており、同会の主催するシンポジウムには必ず参加していた。2012年9月16日には、名古屋市で第5回目のシンポジウムが開催され、その際にはシンポジストとして呼んで頂いた。

柔道事故被害者の会のシンポジウムでは、脳神経外科医や教育学者など、頭部外傷や部活動事故の専門家の講演が行われ、その合間に柔道事故被害者・遺族の体験談や主張などが披露されるのだが、その時初めて見る顔があった。それが、倉田久子《くらたひさこ》さんとの出会いであった。

久子さんの息子、総嗣《そうし》君は、２０１１年6月15日に高校での柔道部活動中に急性硬膜下血腫を発症し、翌7月23日に亡くなっていた。

つまり、このシンポジウムの時点で、最愛のご子息を失ってから1年ちょっとしか経っていないのである。このような早い段階で、こうした集まりに来ることのできるご遺族は、きわめて稀である。それどころか、久子さんは大勢の聴講者の前で壇上に立ち、脳震盪の危険性について力強く訴えていたのだ。

私は、今思えば大変失礼なことであったが、どうしても気になって、懇親会からの帰路、前を歩く久子さんに追いつき、話しかけた。

「どうしてお子さんを亡くされてから間もないのに、このような場で、こうして気丈に振る舞うことができるのでしょうか？　本当にすごいことだと思ったので……」

久子さんは、少し驚いた様子ではあったが、すぐに毅然と返してくれた。

「うちの場合、他の被害者の方々とは違って、学校側の対応に不満を持っていないんです。だから、他の方よりも早く、前を向くことができたのだと思います」

この言葉を聞いて、少なからず驚いた。これまで、何十人もの被害者家族の方々のお話をうかがったが、学校側の対応に不満を持っていないと答える方に会ったのは、初めてだったからだ。

もっと色々聞きたかったが、名古屋駅に到着してしまった。めいめいがシンポジウムのお礼とお別れの挨拶を交わす。私は、久子さんから名刺を頂き、近いうちに連絡すると告げ、慌ただしく新幹線乗り場の改札へと向かった。

## 誠実さを貫いた学校・教育委員会

後日、電話にて倉田総嗣君の事故と、その後の学校対応について久子さんから詳しくうかがった内容は、以下の通りである。

2011年6月15日、名古屋市立向陽《こうよう》高校の柔道部員で初心者である1年生の総嗣君は、部活動中、身長差約20センチ・体重差約25キログラムの体格差のある部員から大外刈りで投げられ、後頭部を打撲した。総嗣君が直後に意識を失ったため、顧問はすぐに救急車を要請した。大学病院に救急搬送後、急性硬膜下血腫と診断され、懸命の治療が行われたものの、意識が戻らぬまま、事故発生から38日目に亡くなった。

事故発生当日、校長・教頭らの判断で、学校側は柔道部員たちから大まかな事情を聴き取っていた。しかし、事故当日は緊急手術が深夜にまで及んでおり、ようやく学校側と家族が対面できた深夜の時点では、家族の動揺が激しかったため、学校側はまず謝罪のみを告げるにとどめた。校長は、「学校で起きたことは、すべて学校の責任です、本当に申し訳ございません」と深謝した。

翌16日の朝11時の面会時間後に、校長は家族から総嗣君の病状を十分に聴き取り、その後で、前日の聞き取り内容をそのまま家族に伝えた。その後、柔道部員に対し、前日よりも詳しく、事故の経緯について再度の聴き取りが行われた。その際、ご家族側から「生徒たちの記憶が薄れないうちに、事実をきちんと把握しておく必要がある」として、現場に居合わせた生徒全員との面談を希望する旨の申し出があった。校長は「そのお気持ちはよく分かる。学校側も、隠蔽するようなことはせず、事実をお伝えし、事故の原因を明らかにしていきたい」と、この申し出を直ちに了承した。

翌17日の朝の職員会議で、校長は全教職員に対して、総嗣君の家族の希望を叶えたい旨を伝えた。そして同日夕方には、全部員とその保護者が学校に集められ、総嗣君の家族が生徒たちから翌日（土曜日）に事故状況を直接聴き取ることへの理解と許可を求め、了承された。

しかし、聴き取り当日になって一人の保護者が、「やっぱり子どもへの影響を考えて」と、家族と生徒との直接対面を断ってきた。そこで校長は、苦肉の策を考え出した。

予定された時間になると、学校に集まった家族4人（総嗣君の祖父と両親、兄）と部員たちが、それぞれ別の部屋に通された。保護者の意向を尊重して、直接対面させることこそは避けることにしたものの、倉田家の希望をできる限り叶えようと工夫したのだ。

まずそこでは、家族全員に、事故時の生徒同士の位置関係などを示した『道場の状況図』1枚、当日の状況を時系列でまとめた『当日の経緯』と題するプリント1枚が、それぞれ配布された。そして、家族がその紙に目を通したうえで、疑問があれば質問を紙に書いて先生に手渡し、別室にいる生徒がそれに対する答えを書く、という『筆談方式』で、2時間足らずの間、家族は部員たちからの状況の説明を受けることとなったのである。立ち会った校長、教頭、顧問2名、担任1名が、メモのやり取りのため家族の部屋と生徒の部屋を行き来した。当時を振り返り、久子さんは「この時点で、聞きたいと思っていたことは出尽くしたと思いました」と語っている。

事故の翌日から病院では、家族のみに短時間の面会しか許可されていなかったものの、面会時間が終わる時間を見計らって、校長と教頭が可能な限り揃って総嗣君の容態を聴きに来た。そして総嗣君が個室に移り、面会が自由となった後は、午前と午後の必ず2回、土日も休むことなく、校長、教頭、顧問、担任の4人が総嗣君を見舞ったという。

4人は、総嗣君の容態の一進一退に家族と共に一喜一憂し、「ガンバレ、先生と一緒に学校に戻るんだぞ!」「先生あきらめないよ!」と、意識のない総嗣君に声をかけて励まし続けた。そうした毎日の先生たちの力強い呼び掛けに、不安と心配のうちに付き添う久子さんも「もしかしたら総嗣には聞こえていて、いつか学校に戻れるかもしれない」と、勇気と希望を与えられたのだと振り返る。そうした中でもやはり校長からは、折に触れて「ご家族の気持ちを考えると、どんな言葉を尽くしても足りない。本当に申し訳ない」という言葉が自然に出ていたという。

総嗣君が亡くなった時には、総嗣君の亡骸に対して、校長が「3年間学校に通わせてあげられなくて、本当にごめん」と、心からの謝罪の言葉を口にし、涙を流した。そして校長たちは、事故後、新任の校長先生と交代するまで、月命日の前には欠かさず倉田家に焼香に訪れ、たびたび「すまない気持ちで一杯だ」と慙愧の念を口にしている。

総嗣君の死後、学校側は総嗣君の家族を変わらず「在学生の保護者」として扱ってくれ、折に触れて学校行事への参加を誘ったり、「総嗣君も参加したはず」の修学旅行のしおりやお土産を持参してくれるなど、総嗣君の卒業という『節目』を迎えるまで、交流が続けられた。

そして、2014年の3月の卒業式。総嗣君のために、番号のない卒業証書が用意された。久子さんが壇上でその卒業証書を受け取った時、会場は満場の拍手に包まれたという。卒業アルバムには、総嗣君が入学した際に撮影した写真が載せられていた。

こうした対応を振り返り、久子さんは、「学校で子どもを亡くした親は、学校側の対応によってどれだけ救われるかが、本当によく分かりました。もともと、総嗣が本当に入りたくて入った高校だったし、私も、今でもこの学校が好きです」と、はっきり語ってくれたのである。

## 冊子「部活動の安全指導」

名古屋市教育委員会は、こうした向陽高校の一連の対応を理解し、支持した。それにとどまらず、事故後は総嗣君の事故からの教訓を現場に周知させ、徹底的な再発防止のための対策を講じている。

私は、学校と教育委員会が行ったこれらの事故後の対応を、どうしても名古屋市のすべての教職員に知ってもらいたいと考え、教育委員会の担当者に「是非、市の広報誌などに寄稿させて頂きたい」と直談判した。すると担当者から、「どうせなら広報誌の小さな原稿などでなく、全教職員に配布できる、部活動の安全指導マニュアルのようなものを作ってほしい」と、逆に依頼を受けたのである。こういうところが、さすが名古屋市だなぁ、と感じいった。というのは、名古屋市は事故後毎年、部活動の安全マニュアルを何種類も作成し、市内の学校にあまねく配布していたからだ。久子さんから私の手元に届けられたマニュアル冊子だけでもかなりの数に上っており、それらには整形外科、脳神経外科、スポーツ医学等の最新知見が盛り込まれ、その時点での安全指導マニュアルの最高峰ともいえるのではないかと思われた。それで満足することなく、さらに新しい知識・見識を求めて、違う立場の専門家の手による新しいマニュアルを配布することを希望した名古屋市教育委員会には、心より敬意を表さざるを得ない。

したがって私は、この申し出を即座に引き受けさせて頂いた。

そこで2014年に書き上げたのが、冊子『部活動の安全指導─先生方に心がけて頂きたいこと─』である。冊子には、総嗣君の事例の紹介だけでなく、代表的なスポーツ外傷・障害の解説、「体罰は児童虐待である」ということ、事故が起きた際に指導者が注意すべきことなど、多岐にわたるトピックを盛り込んだ。そしてこの年、私は名古屋市教育委員会が主催する『武道の安全指導研修会』に招かれ、名古屋市内全域から参加した部活動の指導教員に冊子を配布し、講演する機会を頂戴した。なお、この研修会は総嗣君の事故を受けて行われているものであり、今なお毎年8月に開催されている。

さらに、せっかくだからこの内容は名古屋市だけでなく、全国の学校教職員に広めたいと考えた。そこで、全国柔道事故被害者の会をはじめ、多くの学校事故被害者団体からの賛同を受け、それぞれの会のホームページからダウンロード可能な状態にして頂いた。

こうして同冊子は日の目を浴び、多くの人のもとに届けられることとなったのである。

ただし、ここで強調しておきたいのは、この事故の際に向陽高校にいた先生方は、今でもこの事故に大変心を痛めておられるということである。私がこの事例を広く世に知らしめようと、同冊子を公表した際、この向陽高校の対応は、多くのマスコミの注目を集めた。悪気はないということは十分理解できるのであるが、いくつかのメディアが総嗣君の事故後の学校と教育委員会の対応を称賛した上で、『成功事例』『模範事例』などと書き立てたのである。

当時の関係者の先生方は、「一人の尊い命が学校で失われたのに、成功も模範もない」と、絞り出すように言った。校長先生も未だ、「倉田君の事故は、自分が一生背負っていかなければならない」と口にする。

ただ、この事例が稀有であるのは、他の事件・事故に対する学校側の対応があまりにも情けないものだからに他ならない。私がこの事例を広く世に知らしめたいと考えたのは、美談として広めたいのではなく、「学校管理下で最悪の事故が起きたとしても、管理職は、教師は、恐れずに誠実な対応をしてほしい」という願いによるものである。

部活動の安全指導マニュアル

## 日体大学長からの、突然のアポイントメント

この冊子について報道する新聞記事は、思わぬ人の目に留まっていた。２０１４年当時の日体大の学長であった谷釜了正先生である。当時の勤務先の研究室に朝出勤し、いつものようにメールサーバーを開くと、「日体大の学長の代理」という人物から「是非、先生の作成された冊子を分けて頂きたい」という連絡があったのである。これには、本当に驚いた。驚きすぎて、すぐに親しい被害者の方に「日体大からこんな連絡をもらった」と、報告のメールをした。

その方からはすぐに、「とうとう、敵の本丸に討ち入りのチャンスですね！」という、穏やかではない返信があった。そう、当時日体大といえば、学校事故の被害者たちからは『暴力的な指導をする体育教師を産出する大学』という、かなり不名誉なレッテルが張られていたのである。不謹慎ながら私も、その時までは『日体大＝怖い体育教師の出身大学』というイメージを持っていた。後で詳しく紹介することになるが、この被害者たちの中には、日体大出身の教師の不適切な指導によって大切な子どもの命が奪われたという、草野《くさの》とも子さんがいらっしゃった。とも子さんが私の前で何度も、「日体大なんか大嫌い」「日体大出身の教師は悪だ」と明言されていたので、私もそういう色眼鏡を知らず知らずのうちに持っていたのだ。

しかし、その〝悪の巣窟（当時のイメージ）〟日体大の学長から、『部活動の安全指導』を是非読みたい、本学の学生教育の参考にしたい、という申し出があったのである。これは、ただならぬことだ。というか、体育を専門に教える学校は数多くあれど、このようなオファーがあったのは、後にも先にも日体大だけである。今思っても、やっぱり日体大はすごい。

私は混乱しつつ、「日体大」「谷釜学長」のキーワードでネット検索してみた。すると、日体大は2013年2月、この学長の名前で、いかなる事情があろうと体罰やパワーハラスメントなどの暴力を排除するとした『反体罰・反暴力宣言』を出していたことを知ったのである。さらに検索を進めると、同学長が2013年3月1日の朝日新聞の「負の伝統、根絶へ決意『反体罰宣言』日体大・谷釜学長に聞く」と見出しが打たれた取材に対し、「体罰を是認する学生がいることは否定できません。だからこそ指導者が学生に対し、また先輩が後輩に対して暴力を行使しないように対策を立てなければならない。運動部を、教育のための重要な機関の一つだと明確に位置づけ、大学側が直接部員に啓発活動をしたり、日常的に暴力が行われていないかを見て回ったりすることも考えています。訴えが学長に直接届く目安箱のようなメールアドレスも準備しています」と話し、さらに記者の「変わっていくために何が必要ですか」との問いに、「現状では、スポーツの指導者はいつでも暴力をふるう可能性を持っているという性悪説に立って考えていかねばならないと思います。歯止めをかけるために、常に自分を律する。これからの指導者を育てていく教育機関として、重い使命というか、責任を感じています」と答えておられることを知った。素晴らしい方ではないか！

私は喜んで、返信を打つことにした。

## 「スポーツ危機管理学研究室」の教員に

それから時は流れ、２０１６年、私は15年間在籍していた前任校に別れを告げ、日体大に教員として赴くことになった。この時は「敵の本丸に討ち入り」などという物騒な心情では、もちろんなくなっていた。日本のスポーツ界を牽引し、スポーツ・体育指導者を多数輩出している日体大で、体罰や暴力などの根絶と適切な指導・リスクマネジメントに向けた意識改革を行うことは、今後の日本のスポーツ・部活動を健全なものにする近道であると考えたのである。しかしながら、古巣の法医学を離れるのは心許なくもあった。

そもそも、文系の大学から思い切って理系の権化、医学部に活動の場を移した際にも、不安でいっぱいだった。だが思い切って飛び込んでみると、医学部特有の「教室制度」によって、少人数のスタッフや学生たちと意気投合し、分からないことだらけながら一つずつ学び、15年のうちに司法解剖実務にも慣れ、楽しい教員生活を送ることができるようになっていた。

しかし、今度は理系でも文系でもなく、未知の体育会系、しかも体育系教育機関の最高峰、トップアスリートの名産地、『日本体育大学』である。私のような海の物とも山の物ともつかない、またスポーツもろくにやってきていないひ弱な人間をおいそれと仲間として受け入れてくれるとは、どうしても考えることができなかったのである。

しかし、実際に日体大に入ってみると、これらのことは杞憂であるとすぐに分かった。日体大の先生たちは、さすがスポーツマンが多く、とても爽やかで優しい。というか、豪快。陰険なところなんてまったくなく、とても気持ちよく私を迎えてくださったのである。また、学生たちも、身体はバッキバキで格好いいが、本当に純粋でかわいいのだ。そして私は、自分が体育会系向きであることを知ることになる。

## 「日体大から加害者を出さない！」

２０１６年６月４日の土曜日。私は非常勤講師として授業を担当している埼玉県の大学での勤務を終え、東京駅から東海道新幹線に飛び乗った。この日は、神戸で開催される『学校事故・事件を語る会』大集会の初日であり、集会には間に合わなかったものの、夜の懇親会と翌日の集会に出席しようと思っていたのだ。懇親会場である居酒屋に到着した時、すでに宴ははじまっていた。顔見知りの被害者の方々が、手招きして席に呼んでくれる。その中に、草野さんご夫婦がいた。

「先生、日体大に行かれるそうですね」

とも子さんの目はとても悲しそうだった。裏切られたような、傷つけられたような、なんともいえないようなとも子さんの表情を見て、切ない気持ちになった。

そこで席を一旦立ち、会の世話人である宮脇勝哉《みやわきかつや》さんのところに行き、頃合いを見て、皆さんに日体大に移ったご挨拶をさせて頂きたいとお願いした。宮脇さんは、快く私のお願いを聞いてくれた。

宴もたけなわの頃、宮脇さんが不意に手を叩き、「はい、では皆さん、南部先生がお話ししたいことがあるそうです。聞いてください！」と大声で呼びかけ、その場にいた方々の注目をうまく集めてくださったのである。

私は宮脇さんにお礼の会釈をし、立ち上がって深々と頭を下げた。

「皆さんには大変お世話になっております、南部です。実は、3月に15年間いた横浜市立大学の法医学教室を辞め、この4月から日体大に移りました」

皆が、一斉に注目してくれている。

「ところで皆さん、日体大といえば、悪い体育教師を輩出する、〝悪の巣窟〟だと考えている方もかなりいらっしゃると思います。私が日体大に移ると聞いて、不愉快な思いをした方もいらっしゃるかと思います。そこで、お願いがあります。私が日体大に行くからには、加害者となる教師を絶対に輩出したくありません。そのために私にできることは、まずは皆さんの生の声を教員の卵である日体大生たちに届けることによって、体罰や事故の悲惨さを知ってもらうことだと考えています。皆さんの『二度と自分たちのような不幸な人間を作りたくない』という熱い思いに直接触れることで、『スポーツ指導において何が一番大切なのか』を考えて、自ら実践できる教師として巣立ってくれるはずです。子どもたちの命や権利を何よりも優先する、素晴らしい体育教員たちを育成したいのです。そのために是非、皆さんのお力を貸してください」

一瞬の静寂の後、大きな拍手が起きた。皆が笑顔でうなずいてくれている。

「つきましては、できるだけ速やかに、教員志望の日体大生たちを対象にした部活動の安全指導のための研修会を実施したいと思っています。協力してくださる方は、是非名乗り出て頂ければと思います。どうぞ、よろしくお願いします！」

一気に話し、腰を下ろした。まばらな拍手に、様々な声が飛び交う。すると、すぐに6、7人の被害者の方が名刺や連絡先を書いた紙を持って来てくださった。名刺に手書きで「是非とも日体大でお話しさせてください！」と書いている方もいた。「自分は人前では話せないけど、頑張ってください。応援してます」と言ってきてくださる方も、何人もいた。思わぬ反響に笑顔で対応する私の向かい側に座っていたとも子さんの旦那さんが、突如声を上げた。

「あんた、ずいぶん格好いいことを言ったけど、言うのは簡単だ。本当にできるのかよ」

この方は、娘の死と、日体大出身の顧問の心ない態度を通して、心の底から日体大に失望しているのだ。しかし、大勢の方々の賛同を受けて興奮気味だった私は、売り言葉に買い言葉で応戦した。

「やると言ったら、絶対にやります！」

誤解のないように言っておくが、これまで草野さん夫婦との関係は、悪いものではなかった。それどころか、とも子さんとは日頃から親しくさせて頂いている。それでも私は、草野さんにこう啖呵を切ることで、あえて自分を後に引けない状態に追い込みたかったのである。

絶対に、実現させるんだ。

第2章

# 学校・部活動における重大事故・事件から学ぶ研修会

２０１６年3月31日、私は日体大に荷物を運び込んだ。レンタカーの軽トラックから次々荷物を下ろす作業中、通りかかった男子学生たちが何も言わないのに駆け寄ってきてくれて、自然と手を貸してくれるのが、本当に嬉しかった。また、廊下を歩いていると、学生たちは次々「こんにちは！」と元気に挨拶をしてくれる。ああ、これが体育会系の学生か……と、日々感動していた。

研究室の荷物があらかた片づき、少し遅くまで残って仕事を片づけていたある日。そろそろ切り上げるか～と、デスクで伸びをし、お手洗いに寄って帰ろうと研究室を出た。その途端、つむじ風が鼻先をかすめた。風圧で髪がぶわっとなびく。それも、次々と。

「な、何だ⁈」

と、よく見ると、5～6名の学生が歓声を上げながら、ものすごい勢いで廊下を駆け抜けているのである。なんと彼らは、全力疾走で「鬼ごっこ」をしていた。

身体能力の極めて高い日体大生たちによる、時速30キロの鬼ごっこ。医学部では、絶対に見られない光景である。というか、時速30キロにぶつかられていたとすれば、もはや交通事故だ。すごい速さで小さくなっていく彼らの背中を眺めながら、私は改めて、「別世界に来たんだなぁ……」との感慨にふけってしまった。

## 授業で扱う「体罰問題」

日体大に来て分かったことだが、日体大生たちは、授業などで『体罰』や『スポーツ事故』というトピックに向き合う機会が非常に多い。教室で行われている授業が廊下に漏れ聞こえてきた範囲だけでも、かなり多くの授業でこうした内容が扱われていることが分かった。しかし一方で、この話題に慣れてしまうことで、かえってこうした事故の恐ろしさや当事者意識について、リアリティーが失われるのではないかとも思えた。

つまり、われわれ教員がいかに口をすっぱくして、学生に対し「体罰はいけない」と語ったとしても、学生は『理性』でしか理解できないのではないか。むしろ、自分たちが中高時代に過酷な部活動経験を有していて、体罰指導に対して特段に否定的な意見を持っていなかったとしても、それは自分だけの世界に属しているのであって、教員たちがいう『体罰防止』とは切り離された事項だと考えられているのではないか。言い換えると、あくまでも大学で学ぶ『体罰防止』は『学問的な情報』であり一般論であって、個別の特殊な環境では妥当しないこともある、という考えである。

これは、法学部の授業で細かい違法行為の規定を習っても、現実にはそのような行為で逮捕されることはないし、多くの人が平気で行っていることを知っている、という場合に似ている。違法行為の内容を知っていることは試験には役立つだろうが、現実世界ではむしろ野暮であり、無駄な知識となってしまうのだ。

しかし、体育大学の学生にあって、こと『体罰』に関して、このようなダブルスタンダードを持ったまま卒業し、スポーツ指導の現場に従事するということは、あってはならない。したがって、いかに学生たちに正しい認識を持ってもらうかは、われわれ教員がいかに熱く自分のポリシーとして語ることができるかにかかってくる。

もし、教員がリアリティーを持って体罰問題を扱うのであれば、一つの方法としては、「自分が学生の頃は、かなりの体罰を受けた。こんな仕打ちも、あんな仕打ちもされて、とうとうこんなことになってしまった。だから自分は、絶対に体罰をしないと誓った」という、『体罰被害者目線』であろう。そしていま一つは、「自分はかつて、選手に体罰をしていた。こういうふうな信念があったからだ。しかし、こういう出来事があったから、自分はそれから一切体罰指導を放棄することにした」という『体罰加害者目線』である。

『体罰被害者目線』での話は、トップアスリート経験のある人ほど話しづらい傾向がある。「あの厳しい指導があったからこそ、今の自分がある」と、体罰指導者に対して感謝していることが少なくないからである。そして、この手の体罰指導者は、体罰指導を除けば『人格者』であり、勝利を手にした選手達を惜しみなくねぎらったり、豪快に男泣きしたりする。そのため生徒たちにとっては「青春の一コマ」で、「最高の思い出をもらった」素晴らしい指導者だったりもする。したがって、体罰は否定しつつも体罰指導者は否定しきれないという、矛盾を抱えた語り口になりがちである。

『体罰加害者目線』の話では、体罰エピソードはごく控えめに語られることが常である。「こういう時に、ごつんとやった」、「気合いを入れさせるために、手も足も出た」と、その暴力の内容が具体性を欠いたものになりがちだ。それらは、被害者側が語る暴力の描写とはかなり対照的である。

果たして、それぞれの教員は授業において『自分事』として、リアルに『体罰』を語っているのだろうか。それとも、省庁の通達や体罰防止マニュアル、競技団体の団体憲章の条項のような『一般的な話題』として『体罰』を扱っているのに過ぎないのだろうか。

## いよいよ行動を起こす

日体大に赴任して3カ月が経った頃、いよいよ行動を起こす時が来たと、自分を奮い立たせた。そこでまずは、学長室の担当者を通じ、学長にアポイントを取ることにした。

「せっかく私が日体大に来たのですから、すぐにでもスポーツ指導者・教員養成のための研修会を開きたいと思っています。その研修会では、学校の部活動でお子さんを亡くされたり、重度の障害を負わされてしまった当事者・ご家族にお話をして頂きたいと思います」

こういう内容で、信書を送った。そして抜かりなく、次のようにも付け加えた。

なお当然、学校事故被災者のご家族が多くいらっしゃいますので、「過激な発言をしそうだ」「愚痴や恨み言を聞かされるのではないか」などの危惧を抱かれてしまうかもしれません。その点につきましては、皆様、いずれも公的な場で、数多くのご講演経験のある方ばかりですので、必ずや学生たちの心をつかむ内容をお話頂けることをお約束致します。

学校管理下の事件・事故当事者の経験談は、教職やスポーツ指導者を目指す学生にとっては、他人事とは決して思えない、非常にリアルで迫真性に富んだものです。教員・指導者になる前に、こうした当事者の「安全指導に向けての切実な願い」に直に接することで、本学の学生たちが子どもの命を一番に考えることのできる素晴らしい教員・指導者となって巣立ってくれることは間違いありません。

考えてみれば、新採教員がいきなり日体大の学長に直談判するなど、かなりの暴挙であったといえよう。それからは、少々の紆余曲折があった。『新採教員が踏んではならない10の地雷』（筆者命名）を、がんがん踏みまくった。しかし最終的には、学長の鶴の一声で研修会の開催が決定され、新採教員にとっては誠にありがたいことに、調整役の大学職員もつけてくださった。

そして、２０１６年11月7日に、記念すべき第1回目の『日本体育大学　学校・部活動における重大事故・事件から学ぶ研修会』が開催される運びとなったのである。

それから現在に至るまで、毎年秋から冬の時期に3回（２０１７年度はさらに初夏にも1回の計4回）、研修会を開催し、延べ40名（重複があるため実質的には30名前後）の学校事故当事者・遺族の方々にご登壇頂いた。

体育教師育成の総本山である日体大でこうした研修会を行うということで、初年度はかなり多くのマスメディアの注目を集め、その時期には数多くの取材を受けることにもなった。また、その記事やニュースを目にした日体大卒業生の方々が、大学宛に賛同の声をたくさん寄せてくださった。そこで、研修会は本学学生のみならず、学外の方でも誰でも参加できるオープンなものにした。すると、ＯＢＯＧはもちろん、そうではない現役教員の方々やスポーツ指導者などが多く参加してくださるようになった。

研修会の内容はきわめて多岐にわたるものであり、ご登壇者の数も多く、本書だけではとても紹介しきれない。そこで以下では、筆者が独断で選んだ当事者の方々のお話を紹介させて頂くことにする。

## case file 1

# 草《くさ》野《の》 恵《めぐみ》さん

### 日体大卒のバレー部顧問による不適切な対応で死亡した

「娘を見殺しにした顧問は、日体大の卒業生でした。私は、ずっとトラウマになっていて、『日体大』と聞くだけで、胸が締めつけられそうになりました。何度も何度も苦しみました」

草野とも子さんのお話は、この言葉で始まった。

「日体大に足を踏み入れる度に〝日体大の皆さんが悪いのではない‼ あの顧問一人が悪いのだ〟と、心に言い聞かせています」

## 恵さんとママ

15歳の恵さんは、元気いっぱいで天真爛漫、とても明るい子だった。中学校までは公立だったが、高校では私立の大学付属高校に行くことを決め、見事合格。真新しい制服に袖を通した恵さんは少し得意げに、母・とも子さんに向かってピースサインをした。

恵さんには、歳が一回り離れた長男、10歳離れた次男の、二人のお兄ちゃんがいた。お兄ちゃん大好きっ子で、特に大学生の次男とは喧嘩ばかりしながらも、いつも「勉強教えて！」と、甘えてくっついていった。次男もそんな恵さんが可愛くて、文句をいいつつ嬉しそうに付き合ってあげていた。

実は恵さんは、小学校5年生から6年生までにかけて、いじめにあっていた時期がある。とも子さんは、暗い顔で学校から帰ってくるようになった様子を見て、すぐにいじめられていることに気づいた。

「学校、つらいんじゃないの？　行かなくてもいいんだよ」

「ううん、行く」

こういう時の恵さんは頑固で、どんなにつらい思いをしても、決して学校を休もうとはしなかった。家族には甘えん坊の恵さんだったが、とても芯の強い、負けず嫌いの性格だったのだ。

いじめを確信したとも子さんは心配で、毎日のように会社の昼休みを使って小学校に行き、学校にこっそり忍び込んで、恵さんの様子を見ていた。ある時は、玄関に恵さんの靴が乱雑に投げ散らかされているのを見つけた。とも子さんは校長のもとに飛んでいき、「あの子が死んだらどうしてくれるんですか⁉　加害者の子どもたちに会わせてください！」と、まくし立てた。しかし、いじめ加害者の子たちには学校側も手を焼いているようで、「あの子たちの親はうるさいから、会わせるわけにはいかない」などと、何らの手立ても講じる様子がない。

とも子さんは恵さんを抱きしめ、「絶対にお母さんは、何があってもメグの味方だからね。メグがいてくれるだけで幸せだから。頑張らなくてもいいんだからね」と、何度も言い聞かせた。

そのうち、恵さんの表情がだんだんと明るさを取り戻してきて、6年生の終わりの方にはいじめは完全になくなったようだった。とも子さんは、小さな体で頑張り続けた恵さんを心から褒めてあげたいと思った。しかし、この負けず嫌いで頑張り屋の恵さんの性格により、本当にきつい時でも弱音を吐けずに、我慢してしまい、結果として取り返しのつかない事態になってしまったのである。

恵さんが高校に入学し、入部したバレー部の合宿に行く3日ほど前、その日会社が休みであったとも子さんは、朝の6時過ぎに恵さんに起こされた。

「お母さん、今日一緒に映画に行こう！」

「えっ、映画？　こんな朝早くにやってないよ」

「朝一番の映画に行こうよ！」

自宅から、舞浜のイクスピアリまでは車で20分ほど。最初の上映時間まで、まだたっぷり時間があるのに、恵さんは待ちきれない様子でとも子さんを急かした。時間つぶしのために入った喫茶店で、恵さんはハイテンションで色んな話をしてくれる。2人は、本当に仲のよい親子だった。

映画を見終わると、「お肉が食べたい！」と言う恵さんのリクエストでステーキを食べ、さらに

「ケーキが食べたい！」という恵さんに、とも子さんは付き合った。そして15時過ぎに家に戻り、一緒に合宿のための荷造りをした。恵さんは「今日は楽しかった！　お母さん、ありがとう！」と、本当に嬉しそうに言った。恵さんは、いつも親に「ありがとう」といってくれる子だった。とも子さんはこのささやかな一日のことが『とっておきの思い出』だとふり返る。仲のいい母子の、本当に普通の一日。こんな楽しい日々は、二度と戻ってこなくなってしまったのだ。

## 合宿所へ向かう朝

2003年7月28日の月曜日。恵さんは、合宿のための待ち合わせ場所に行くため、とも子さんと一緒に大きな荷物を持ち、電車に乗っていた。恵さんは、高校に入学してそれまで未経験だった運動部に所属し、毎日頑張っていた。スポーツマンであった二人の兄と同じようになりたくて、運動が本当は苦手なのに、きつい運動部をあえて選んでいた。恵さんが入部した年には先輩達が都大会への出場を果たしたため、1年生部員でバレー初心者であった恵さんは、入部してからずっと球拾いばかりさせられていた。そのため、恵さんにとってはこの合宿が最初の本格的な練習となるのだった。

恵さんが所属するバレー部は、日体大卒の女性顧問による厳しい練習で知られていたため、合宿前には先輩達から「合宿では、倒れて当たり前の厳しい練習になるよ」と言われていた。とも子さんもそういった話を以前に恵さんから聞かされていたが、恵さんの上の2人の兄が中学・高校・大学とラグビー部でかなり厳しい練習に耐え、たくましいスポーツ青年に成長していたことなどもあり、とも子さんは「運動部だから、多少厳しいのは当然」という程度にしか考えていなかった。そのため、緊張気味の表情で電車に揺られる恵さんの横顔を見ながらも、あまり不安を感じることはなかった。

するとと不意に、恵さんがとも子さんの目を真っ直ぐに見て、「お母さん、私、生きて帰れないかもしれない」と言ったのだ。とも子さんはとっさに、「そんなこと言わないで。一生懸命やってらっしゃい。合宿が終われば、技術もついて、一人前のバレー部員になれるよ」と言って恵さんを励ました。それでも恵さんは真剣な表情のまま、「生きて帰ってきたら、お祝いしてね」と念を押すように言った。

目的の駅に着き、改札を抜けると、待ち合わせ場所にはすでに何人かのバレー部員が集まっていた。恵さんは仲間に手を振ると、とも子さんをふり返り、「お母さん、ありがとう」と言って仲間のところに歩いていった。その後ろ姿が、とも子さんが恵さんの歩く姿を見た、最後の瞬間であった。

「こんなことになるのなら、あの時、メグを引き留めて、絶対に合宿になんか行かせなかった。メグのあの心配そうな表情を見て、どうして励ますようなことを言ってしまったのか。後悔しかありません」

# 合宿1日目

合宿地は、新潟県の片田舎にあった。冬であれば雪にすっぽりと覆われる町だが、合宿初日から照りつける太陽が容赦なく降り注ぎ、気温は30度近くにもなった。合宿で使用される体育館は、天井の一部がガラス張りとなっており、アリーナの中に直射日光が入り込む仕組みになっていた。そのため、冬の間であれば太陽光が暖かさを運んでくれるのであろうが、夏の晴れ間には容赦なく室温を上昇させ続けることになる。冷房器具は、体育館の脇にある更衣室にのみ設置されていた。

体育館は、神奈川県から来た別の高校のバレー部と合同で使用することになっていた。そのため、練習では2チーム、総勢120名以上のバレー部員たちが激しく運動することになるため、室温も湿度も、常に相当高い状態であった。

これまで部活動といえばボール拾いばかりをさせられていた恵さんたち1年生は、いきなり上級生に混じってハードな練習を行うことになった。特に恵さんは初心者であったため、なかなかうまく動くことができずに顧問の逆鱗に触れ、練習メニューを一番最後まで、何度も繰り返し行なわされたという。その間、休憩も水分補給もままならない状態であった。夕食を挟んでの夜練が終わる21時には、恵さんはもう立つこともできないほど疲れ切っていた。

## 合宿2日目

午前中の練習の最中、恵さんは先輩に「吐きそうです」と訴え、トイレに行った。しかし吐くことができず、仕方なくフラフラの状態でコートに戻り、そのまま練習を続けることとなった。当然、昼食など喉に通る状態ではなかったが、「全員が食べきらないと、全員が席を立つことができない」という合宿ルールのため、吐き気をこらえながら食べ物を無理矢理口に押し込んだ。

午後の練習に入った時には、さらに体調は悪くなり、もはや立っていられない状態であったが、休むことは許されなかった。重度の熱中症による意識もうろう状態で、無理に動こうとしては倒れ、しかしすぐに引き起こされ、しばらくしてまた倒れ、引き起こされ……を繰り返された。他のバレー部員達は、一人だらしない練習をしている部員がいれば、顧問の機嫌が悪くなるということを嫌というほど知っていたので、何とか恵さんに頑張ってもらおうと、声を掛け続けていた。

そして苦痛でしかない夕食時間が終わると、なおも19時からの夜練が始まった。

部員たちがそれぞれボレーやトスの練習を行っていたところ、顧問から集合の合図がかけられた。集合が掛けられると、全力ダッシュで集合しなければまた顧問の機嫌が悪くなってしまう。顧問からみてコートの反対側にいた恵さんは、重い足を必死になって前に進めた。しかし、あまりにも疲れて体調の悪かった恵さんは、目の前のネットに意識を向けることができなかった。そしてネットにぶつかり、その反動で後ろに倒れ、後頭部を強打したのである。

誰もが振り返るような大きな、鈍い音がコートに響き渡った。誰もが、恵さんの状況を見て驚き、すぐに心配した。顧問を除いて。顧問は、後頭部を強打して倒れ込んだ恵さんの姿を明らかに認めながら、完全にそれを無視したのである。

――実はこの時、恵さんの脳の表面に走っている血管である架橋静脈《かきょうじょうみゃく》が切れ、頭蓋骨の中、脳の表面で出血が広がりはじめていた。

他の部員達が恵さんのもとに駆け寄り、「大丈夫？」「頭痛くない？」などときくが、応答は要領を得ない。その瞬間を見ていなかった先輩が「どうしたの？」と聞くと、「お風呂で転んじゃった……」と、明らかに恵さんはちぐはぐな答えを返してきたという。

恵さんがこの後の練習を満足にこなすことができたとは、到底思えない。実際、他の部員たちは恵さんが明らかにおかしな行動を取っていたと証言するが、練習は当然のように続けられた。

ようやく21時に練習は終了したが、合宿所に戻ってからはさらに夜のミーティングが待っている。恵さんは仲間に支えられ、何とかミーティングに参加したものの、落ち着きなくきょろきょろとし、誰の目にも異常な様子を見せていた。脳からの出血が続いていたことは、明らかである。しかし、こうした恵さんの様子を見た顧問はあからさまに不機嫌そうに、「まったくあの子は態度がなってないね」と、部員達の前で吐き捨てた。

消灯後、恵さんは同室の先輩に頭が痛いと訴え、ほとんど眠れない状態のまま、次の日の朝を迎えた。起き上がることができない恵さんを同室の部員が励まし、朝食会場まで支えながら連れていった。恵さんは、もう仲間の顔も十分に認識できない状態で、親しい友達の名前を間違えたり、他の部員の靴に足を通そうとしたりしていた。

## 合宿3日目

朝食会場で恵さんは、箸を持てる状態ではなかった。目はどろんとし、朝食には見向きもしないで、うつろな視線が虚空をさまよっていた。もはや、自発的に何かを行うことのできる気力を、完全に失っていた。それでも、恵さんはバスに乗せられ、室温が35度を超える体育館に連れていかれた。コートに無理矢理立たされたが、すぐに意識を失くして床に倒れ込んだ。その様子を見た顧問は、さすがに無視することはできないと考えたのか、心配する部員たちに「ただの過呼吸だから、心配ない」と言って、意識のない恵さんの口に水を少し流し込み、自分の指に塩を少しつけて、恵さんの口の中にすり込んだ。そして「これでもう、大丈夫」と立ち上がり、練習を再開させたのである。後日、この顧問は「私は塩をなめさせたから、その時にはきちんと手当てをしている」と主張したという。

横たわる恵さんを気遣う先輩は、意識のない恵さんが、確かに、か細い声で、「おかあさ〜ん……」とつぶやく声を耳にした。恐らく、これがこの世で恵さんが最後に発した言葉であっただろう。

この頃、他校の生徒の体調が悪くなった。その学校の顧問は、その生徒の様子を確かめ、迷わず救急車を要請した。すぐに到着した救急車に、その生徒は手際よく乗せられ、顧問に付き添われて病院へと搬送された。意識のない状態で横たわる恵さんに、救急隊員が気づくことはなかった。

練習はそれでも続けられた。そして、恵さんの学校の顧問の携帯電話が鳴った。電話に応答した顧問は、「病院に保険証を届けなければならないから」と副顧問と部員に言い残し、コートを離れた。病院に向かう車に恵さんを乗せようとは、恐らく一瞬たりとも考えなかったのであろう。

病院に搬送された生徒は、『軽度の熱中症』という診断の下、点滴治療を受け、その学校の顧問と一緒に戻ってきた。その頃にはすっかり回復したように見えたが、彼女の顧問は彼女が練習に戻ることを許さなかった。誠に、常識的な判断である。しかし、恵さんの学校の顧問は、もはや立つこともできない恵さんに、練習に戻るよう要求した。恵さんの様子を見て苛立ち、周りの部員に「出せ！」と怒鳴ったのである。そのため、恵さんは先輩たちの手によって立たされ、引きずるようにしてコートに連れていかれた。しかし支える手が少し緩められたとたん、恵さんは手もまったくつかず、顔面から、ばったりと床に倒れたのである。そして、その直後に失禁し、両手両足は硬直し始めた。

その様子を見ても、顧問は練習を続けようとした。先輩たちは、硬直する恵さんの両手両足を一生懸命マッサージしながら、何度も顧問に助けを求めた。ようやく顧問は、事の重大性に気づいた。しかし、ただちに救急車を呼ぶでもなく、どこか別のところに電話をして、何分も話し込んでいた。

そして、長い通話の後にようやく救急車が呼ばれた。救急隊員が体育館の中に入った時、多くの生徒が熱中症の症状を呈していたため、どの生徒が病人であるかの判断がつかないような状態だったという。そして、恵さんはようやく救急車に乗せられたが、顧問は救急車に付き添おうとしなかった。それどころか、平然と体育館に戻って練習を続行したのである。

## 病院で

恵さんは、先に熱中症で他校の生徒が搬送された時と同じ病院に搬送された。医師は、同じ合宿の生徒が運ばれてきたということで、即座に熱中症の治療を開始した。しかし、あまりにも重症であること、右目の周りにひどい青あざができていること、典型的な熱中症の症状ではないことにすぐに気づき、頭部CTをオーダーした。

私は、とも子さんから「メグがどのような状態で亡くなったのかを見てほしい」と、この時に撮影された頭部CTを預かった。日体大の研究室で、シャウカステン代わりの白いモニターに透かしてそれを見た時には、吐き気を催してしまった。

硬膜下に広がる血腫の厚さ以上に目を引いたのが、その脳の腫れ方である。恵さんの脳は、頭蓋骨の中でこれ以上ないほどに膨れ上がっていた。頭蓋と脳の間には、まったく空間がなく、『脳室』と呼ばれる左右の大脳半球の内部に対称性に存在する一対の空間は、腫れた脳によって完全に塞がれた状態になっていた。頭蓋骨内の密度はこれ以上高くなりようがないほど、ぱんぱんの状態になっていた。

さらに、血腫吸引のための緊急開頭手術によって頭蓋骨の一部を外した直後のCT画像もあったが、開いた頭蓋骨から、逃げ場を探し当てた脳実質が大きくせり出していた。恵さんはこんな状態になるまで放置され続け、それどころか練習を続けさせられようとしていたのである。

彼女の目に最後に映ったものは何だったのだろうか。顧問が恐ろしい形相で恵さんを怒鳴りつけている顔だったとしたら……。私は、うまく息ができなくなっていた。

恵さんが大変な手術を受けようとするその時まで、顧問は恵さんの両親に連絡すらしていなかった。

医師に言われ、ようやくとも子さんの携帯電話に連絡が入ったのが、17時59分。恵さんが救急搬送されてから二時間が経過していた。

「お嬢さんが練習中に倒れました」

突然そう告げられたとも子さんは、何が起きているのか理解できなかった。

「倒れたって、何があったんですか」

「よく分かりません。頭を打ったようです」

顧問の口調は他人事で、やけに冷静だったので、とも子さんは、とっさに「そんなに大したことにはなっていないのだろう」と思った。ただ、すぐに新潟に来るようにと言われている以上、楽観視もできないのではないか。

とも子さんは、すぐに夫に電話をして、「メグが合宿中に倒れたって。お父さん、一緒に行って」と告げた。夫はけげんそうに「どうして俺たちが行かなきゃいけないんだ」と、やはり事態が呑み込めない様子であった。とも子さんは「とにかく心細いから一緒に行って！」と告げて無理やり電話を切り、急きょ新幹線で新潟に向かう手はずを整えた。

草野さん夫婦が病院に到着した時には、23時を過ぎていた。しかし、恵さんはまだ手術を受けている最中であった。徐々に事態の重大性に気づきはじめたとも子さんの目に、待合室で一心不乱に何かメモをとっている顧問の姿が映った。こちらに気づいているはずなのに、一言の挨拶もなく、ひたすらノートにペンを走らせている顧問。まるで「今取り込み中だから、話しかけるな」と、バリアを張っているように見えた。

ようやく手術室のランプが消えた。執刀医が手術室から出てきて、顧問を見つけると、「床はコンクリートだったんですか⁈　何があったんですか⁈　なぜこんな状態になるまで放っておいたんですか‼」と、つかみかからんばかりに怒鳴りつけた。しかし、顧問は何も言わずに目を反らしていた。

そして、執刀医から草野さん夫婦に告げられた事実。「娘さんの命は、もって数日。いや、そこまで持たないかもしれない」――とも子さんの記憶は、そこから途切れがちになっている。ただただ、泣いて、泣いて、泣くしかなかった。

それから36時間後、恵さんは遠い場所に、たった一人で旅立った。

## 学校による隠蔽

恵さんが病院に運ばれ、この世から旅立ってしまうまでの短い時間で、学校は、顧問は、すでに隠蔽工作をはじめていた。合宿は1日早く切り上げられ、東京へと戻るバスの中で、顧問は部員たちに「恵さんのお母さんに報告するために、この合宿での恵さんに関わることについて、見たこと、聞いたこと、知っていることをすべて書きなさい」と命じた。部員たちは、「メグのママのために、一つでも多くのことを知らせたい」と、泣きながら一生懸命に、ありあわせの紙を使って書いた。

こうして部員たちによって書かれた『報告メモ』は顧問によって回収され、重苦しい沈黙のうちに、やがてバスは学校に到着した。学校では校長や教頭らの学校幹部が待ち受けており、部員らを一堂に集めた部屋で「今回、合宿で起きたことは、絶対に外部には話をしないように。特に報道関係には一切漏らしてはならない。このことは、草野さんの親御さんの希望である」と、口止めを行った。もちろん草野さん一家は、この時点で学校側の人間とは一言も交わしていない。

恵さんの亡骸を家につれて帰り、葬儀を行っている間、とも子さんは最愛の娘の死の意味が分からず、頭がおかしくなっていた。あまりにも辛すぎる現実を受け入れることを、心が、体が拒否し続けていた。葬儀の参列者の中には学校関係者もいたはずであるが、とも子さんはまったくそれを認識していない。そもそも恵さんが入学してから、わずか3カ月しか経っていないのだ。校長や教頭、担任の顔すら覚えていなかった。そして、それをいいことに学校関係者は『葬儀に参列した』という既成事実を作るためだけに参列し、両親に声も掛けずに葬儀会場を後にしたのではなかっただろうか。

葬儀後、校長・教頭は部員たちを集めて、「あなたたちの書いたメモを見て草野さんのご両親が大変お怒りになっているから、もう一度『何があったのか』を書き直しなさい」と命じ、それぞれの部員に対して、学校や顧問にとって不都合となるような箇所を削除するよう求めたのである。恐らく、「部員たちが書いたメモの存在」が草野さんたちの耳に入った時のための対策として、〝問題ない〟メモを作り直そうとしたのであろう。

とはいえ、恵さんの死の直後から、学校側は草野さんに謝罪はおろか、何らの説明も行おうとしていない。恵さんの死に関する事実が知りたくてたまらないとも子さんだったが、それ以上に恵さんがもうこの世にいないという事実が悲しくて、苦しくて、家に引きこもって泣いてばかりいた。夫や二人の息子も、とも子さんが恵さんの後を追ってしまうのではないかと心配し続けていて、学校に問い合わせをする余裕もなかった。

## バレー部員たちの話

恵さんの死から4カ月と少しが経った頃、バレー部員の保護者2名の働きかけで、部員たちが恵さんの仏壇に手を合わせる機会を作ってくれた。しかし部員たちは皆、緊張した表情で押し黙っている。とも子さんが「メグのこと、何でもいいから話してほしい」と哀願しても、要領を得なかった。

二度、三度と部員たちが来てくれるうちに、とも子さんは「話してくれそうな子」の当たりをつけた。合宿で、恵さんとペアを組んで色々と面倒を見てくれていた2年生の子。皆の前では何も話してくれそうになかったので、とも子さんはその子に対して「今度は、一人で来てちょうだい」と、心からお願いした。

後日、「一人で行きます」という連絡があり、その子が訪ねてきてくれた。とも子さんが家の中に招くと、これまで以上に緊張した様子で、顔は引きつっている。リビングに通し、お茶を淹れていると、突然その子が泣き出したのである。とも子さんは横に座り、泣くに任せていた。かなり長い時間泣き続けていたが、不意にその子が、「今日は、ママに殺されても仕方がないと思って来ました」と言い出したのである。とも子さんは驚いた。

「私は、命より大切な子どもを亡くしたのよ。そんな思いを、誰にもさせたくない。あなたを殺すわけがないじゃないの」

「でも、ずっとそう言われてて……」

「学校から？」

「……そうです」

「私は、本当に大切なメグが死んじゃった、その時どんなふうだったか、側にいてあげられなかったから、知らないんだ。だから、どうしても知りたいと思ってる。それって、おかしいかな？」

その子はかぶりを振り、ようやく重い口を開いてくれた。いったん話すと決意してからは、とも子さんが知りたくてたまらなかった最期の恵さんの様子が、どんどんと語られていく。ともこの話をどうしても録音したかった。この子が語ってくれる恵さんの様子を、一言も忘れたくなかったからだ。だけど、「録音する」などと言えば、せっかく開きかけた心が閉じてしまうかもしれない。とも子さんは、お茶を淹れ直すふりをしたり、色々な用事にかこつけて台所に行き、そこで急いでメモをとった。この2年生の子が突破口となり、やがて次々と部員が訪れ、自分の見たこと、恵さんと話したことなどを、口々に語ってくれるようになった。

部員たちは、それぞれが傷ついていて、とても苦しんでいた。学校からは入念に「合宿中に起きたことを、草野の親御さんには一切言うな。お前たちは、草野さんの親御さんから恨まれているんだから、どんな目に遭わされるか分からないぞ」との刷り込みをされていた。だから皆、とも子さんに本当のことを伝えるのが恐かったのだ。しかし、部員たちは本当は話したかった。それぞれが、自分の大切な仲間を目の前で失ったのだ。誰もが、「自分が何とかできたはずなのに」と思い込んでいた。だから、ありのままをとも子さんに話し、許してもらいたかったのだ。

とも子さんには、部員たちの気持ちが痛いほど伝わってきたので、それぞれの子の傷を取り除くため、できるだけ明るく、「あなたには責任はないよ。いいんだよ」と言い続けた。

ある拍子に、部員たちの口から、「合宿所から引き上げる際に皆が書いたメモ」の存在が明らかにされた。とも子さんがそのことをまったく知らないと告げると、彼女たちは口々に「メグママが読むんだと思って、私たちは一生懸命に書いたのに……」「メグママがそのメモを読んで怒っているって校長先生は言ってたのに……」「だから、違う内容に書き直させられたのに……」などとつぶやいた。

部員たちのこの言葉に、とも子さんは意を決し、校長に電話で確認することにした。どうしても、そのメモを見たかったのだ。しかし、応対した校長は「そんなメモはない」の一点張りであった。とも子さんはあきらめきれず、それから何度も学校に対し、電話で交渉した。夫は学校に乗り込もうとしていたが、とも子さんはまだ家から出られる状態ではなかった。するとようやく、部員たちが書いたメモを『顧問がまとめた』とする書類を校長から見せられた。部員たちからとも子さんが聞いた話とは、明らかに矛盾する内容。この時に『まとめた』というメモとは、部員たちが書き直しを迫られた際のメモであることは明らかであった。

彼女らがとも子さんのために一生懸命書いてくれたというメモがあきらめきれず、とも子さんは何度も学校側に説明を求めた。しかし学校側は、言を左右にしながらのらりくらりとそれをかわす。

ある日、顧問が草野家に「事故の報告書です」と、書類を持参した。草野さん夫婦がすがるような思いでその書類を開くと、『○○校長様』の見出しが目に飛び込んできた。事故後に初めて学校側から遺族に対して出された恵さんの死に関する報告であるはずなのに、なんとそれは、顧問が校長あてに書いた報告書のコピーだったのである。

保護者から預かった、大事な大事な子どもの命が学校管理下で失われたのだ。この顧問には、遺族に対する真摯さは一片もなく、事の重大性がまったく理解できていないとしかいいようがない。宛名を書き換える手間すら惜しいというのであろうか。

それ以降、草野家が学校側に説明を求めても「報告書をもって、説明義務を果たしました。あとはもう、何もありません」「これ以上何かを言ってくるなら、クレーマーと呼ばざるを得ない」などと繰り返すばかりで、以降は学校からの報告も謝罪も一切出ることはなかった。もはや、草野家には学校に対して訴訟を起こすしか、交渉の余地は残されていなかったのである。

## 裁判、そして和解

草野さん夫婦は話し合い、恵さんと同じ学年の生徒たちが大学の推薦を取るまで待ってから、学校を訴えた。子どもたちの進路に何か影響があってはならないと考えたからだ。裁判で学校側は、草野さんたち遺族が耳をふさぎたくなるような醜い言い逃れに終始した。なかでも恵さんの名誉を傷つけるような主張は、耐えがたいほどの苦痛であった。しかし遺族側は、バレー部員たちの証言をはじめ、恵さんの手術を担当した主治医、恵さんのご遺体を解剖した法医学者など、いずれも遺族側の主張を裏づける確固たる証拠を次々と提出することができた。そのため遺族側の勝訴は、訴訟期日を重ねるごとに確実なものとなっていった。

そして訴訟が最終局面を迎えた頃、いよいよ判決を待つばかりという段階になった。草野さんの弁護士は、勝訴を確信していた。しかし、とも子さんはどうしても引っかかっていた。

「判決が下りて、学校からいくらかお金が取れたとして、それが一体何になるのか？　学校はきっと、お金さえ払えばメグのことを『終わったこと』にするだろう。そして顧問も学校に残り、相変わらず危険な指導を生徒たちにし続けるに違いない。それでは、メグは何のためにこの学校に入り、死んでいったのか分からないんじゃないか」

この違和感を、とも子さんは弁護士にぶつけた。すると弁護士は、「判決以外の方法として、和解がある」と教えてくれた。判決は通常、原告（訴えた側）に対して被告（訴えられた側）に損害賠償を支払うよう言い渡す（原告勝訴）か、あるいは被告には原告に対して損害賠償する必要がないことを宣言する（原告敗訴）かの、いずれかとならざるを得ない。これは言い換えると、「裁判所によって算定された金銭さえ支払えば、両者の関係は終了する」あるいは、「そもそも両者に金銭によって賠償されるような関係はないことを確認する」ということである。恵さんの事件の場合、前者の判決が言い渡されることは間違いなかった。

とも子さんにとって、恵さんの命が金銭に換算されることも耐えがたかった。お金なんてどうでもいい。お金なんかより、メグを返してほしい。それができないのであれば……二度とメグと同じような子が出ないよう、学校側を監視し続けるしかない。判決で『関係を切る』のではなく、『関係を続ける』ような和解をするという道を模索しはじめたのである。

しかし、とも子さんの夫は、判決によって学校側の責任をはっきりさせたかった。金額はどうでもいい。しかし、裁判所によって「明らかに恵さんの死の責任は学校側にある」と、世間に対して宣言してもらいたかった。

夫婦は、この点で徹底的に話し合った。時には感情的となり、離婚一歩手前というところに至るまで、夫婦の意見は激しく対立していた。しかし、最終的には夫の側が折れざるを得なかった。「お金を払って、まったく無関係になる」ということに、どうしても納得ができないとも子さんの主張が容れられ、異例の和解内容で裁判は終結することとなったのである。

和解条項の1つ目は、「遺族側が、今後どこで恵さんの事件のことを話しても、学校側はそれを認める」というもの。2つ目は、「遺族側は、今後学校に自由に出入りできる。毎年バレー部の合宿前には、とも子さんと夫が、生徒たちに対して『自分の命を守ることができるよう』、恵さんの話をすることを許可する」、そして3つ目は、「毎年命日の前後に、顧問と副顧問が草野家に足を運び、恵さんに焼香する」というものである。

## その後、今日まで

とも子さんは、恵さんが旅立って15年以上が経過してなお、毎年欠かさず高校に足を運び、生徒たちの前で、「練習中、しんどかったら『しんどい』と言いましょう。自分の体調の悪さは、黙っていても顧問には伝わらない。必ず自分で口に出して言って、休ませてもらって、元気が戻ったら、また運動したらいい。命は一つしかないんです。その命を、皆さんは自分のために、そして大切な家族のために大切にしてください」と伝え続けている。

昨年は、草野さんからの強力な推薦と、高校の校長からのオファーを受けて、私は恵さんのいた高校で、部活動安全に関する講演を行った。講演には、全教員が強制参加。当然、あの時恵さんを死に追いやった顧問も、参加することになっていた。事件の張本人の前で恵さんの事件を振り返ることをすれば、必然的に本人を責める形になってしまう。躊躇したのだが、草野さん夫婦が、そして校長までもが、「すべて話してもらって構わない。むしろ、思い切りやってもらった方がいい」と希望してくれた。なお、現校長は、恵さんの事故の時の校長からは、代替わりしている。

それならばと、私は恵さんのCT写真や医療記録などもふんだんに使い、いかに当時、恵さんが苦しんだのか、いかに生きたかったのかということを、しっかりと説明しようと決意した。

当日、事件当時の状況と、その時に恵さんの体内で何が起きていたのかについて、分かりやすく詳細に話した。そして最後に、恵さんが中学を卒業する際に両親に書いてくれた手紙を読み上げた。


今日、この良き日に私は義務教育の9年間を終えることができることを心から感謝しています。部活がつらかったり、生徒会でくたばったり……。「兄ちゃんは兄ちゃん、メグはメグ」と母さんは言ってたけど、それはあたってるかもしれないけど、勉強も、スポーツも中途半端な私にとって、兄ちゃんと同じことができることはとても大切なことでした。（中略）そんな中で、二人は私のことを支えてくれました。私立に行くことができるのも二人のおかげです。これからも、反抗したり、心配かけたり、迷惑かけたり、そんな日々がまだまだ続くと思います。ぜひ、そんなときも、私を支えて下さい。そして、私の晴れ姿!?をしっかりと目にやきつけてください。

そして私は、「先生にとっては大勢の生徒のうちの1人かもしれませんが、家族にとってはかけがえのない、唯一無二の宝物です。それぞれの家族の大切な大切な宝物を預かっているのだという気持ちを、どうか忘れないでほしいと思います」と、講演を結んだ。窓側の最前列の席に座っていた草野さん夫妻は、泣いていた。そして、当時の担任や、直接事件のことを知らないはずの若い先生たちも、泣いてくれた。

しかし、草野さんとは反対側の、最前列の席に座らされた顧問は、ふて腐れたような態度で、終始廊下側の磨りガラスの窓を眺め続けていたのである。人間は、高ストレス状況になると、自分の意識を自分の体とは切り離してしまうことがある。いわゆる『解離』という自己防衛機制だ。しかし、この時の彼女は、そういうことで『無視しているように見える』というのではなく、本当に私を、私の話を『無視している』という態度にしか見えなかった。草野さん夫妻から「あの人には、何を言ってもまったく響かない」とは聞いていたが、ここまでなのかと私はショックを受け、情けないことに翌日、高熱を出して寝込んでしまった。

ところが後日お会いした時、とも子さんは意外なことを言ったのである。

「先生、顧問が今年もわが家に来たんですが、初めて私たちの前で涙を流したんです！」

顧問は、和解条項に沿って、毎年恵さんの命日の前後に、草野家を訪問して約束を履行している。しかし、いつ来ても彼女は、明らかに『嫌々』というふてぶてしい態度で黙って座っているばかりだったという。だからつい、草野夫妻は彼女に対峙し、問い詰める。

「本当に、ことの重大性が分かっているのか」

「……はい」

「恵の死についてどう思っているのか」

「……すみません」

何を言っても、ただ時間をやり過ごすためだけに座っているように見え、つい語気も荒くなる。1時間、2時間と問い詰め、「今年もやっぱりこの人間はダメだ」と心底思い知らされてから解放するのが常であり、「もうお帰りください」の言葉に、顧問は突如息を吹き返したかのように、嬉々として辞去するのであった。その瞬間を迎えるたびに、草野さん夫婦には猛烈な徒労感ばかりが襲ってくる。

それでも、恵さんのことを忘れさせないために、この儀式をやめるわけにはいかないと考えている。

しかし去年ばかりは、とも子さんの言葉が顧問に『少しだけ』響いているように感じられたという。その時、とも子さんは神妙に座る顧問に対し、私が学校で話した内容を引き合いに出した。

「あの時の話の内容、聴いて何も思わなかったんですか？　医学の専門家がメグの状態について、あんなにひどいことが起きていたんだって話してくださったんです。自分のしたことについて、改めて考えてみなかったのですか？」

問い詰めると、押し黙る顧問の目に、光るものが見えたのだという。

少しでも恵さんの痛みを感じてくれることができたのであれば、次の事故を防ぐための大きな一歩となる。この顧問はまだ、生徒にスポーツを教える立場にあるのだ。

今年の1月、とも子さんの夫、正信さんが病に倒れたため、現在は懸命にリハビリに励んでいる最中である。大変な時期ではあったが、とも子さんは、今年も7月恒例のバレーボール部の合宿前に高校に出向き、生徒たちに「休みたい時は、休みなさい」という、どうしても伝えたいメッセージを伝えた。ただし、毎年恒例の草野家での「儀式」は延期されている。しかし、必ず約束を果たしてもらうため、とも子さんは今年もその日を待っている。今年こそは……今は恵さんと同じ年頃の子を持つ、彼女の良心を信じて。

## 《日体大生へのメッセージ》――草野とも子さん

日体大生の皆さん。命は、たった一つしかありません。命って、なくなるんです。大切に扱わなければ、簡単になくなってしまうんです。そして、消えてしまった命は、二度と戻ってきません。だから、一人ひとりの命の重みを感じ、大切にする先生になってほしいと思います。

普段から生徒のことを大切に思っていれば、その子の目を見れば「大丈夫」か、「大丈夫じゃない」か、分かります。

生徒の中には、自分の体調の悪さ、しんどさを表現できる子とできない子がいます。話せる子は、積極的に意思表示してくれるでしょう。でも、そんな子ばかりではありません。内向的な子、遠慮する子、言いたくても言葉が出てこない子、色んな子がいます。それを理解した上で、きちんと一人ひとりの目を見てあげてほしいと思います。

また、皆さんが先生になって、部活動や授業を担当する際、生徒が「きつい」「しんどい」と言える環境、雰囲気を作ってください。感情だけでの指導はやめてください。一息ついて、気持ちをちょっと楽にして、子どもたちを見てください。子どもと対話をして、指導してください。押しつけの指導はいりません。

また、子どもの身に何かあった時、親には「何がわが子の身に起きたのか」を知る権利があります。隠蔽は、一番最悪な行為です。現実は現実として、学校側に不都合なことであっても、100%開示するのが学校側の義務だと思います。皆さんが先生になったら、「隠す」という最悪の選択をしようとしている校長を、同僚を、止める勇気を持ってほしいと思います。止める勇気がないのであれば、せめて、自分の知っていることを親に話してあげてほしいです。

私は、日体大のことが大嫌いでした。でも、南部先生に出会い、日体大にこうして何度も足を運び、私の話を熱心に聞いてくださる学生さんの姿を見て、悪いのはあの顧問なのであって、いまの日体大や日体大生の皆さんではないということに気がつきました。

以前は、駅伝なんかで日体大が走っていても「転べ！」なんて思うくらい、とても嫌な心を持っていました。でも、それがなくなって、本当に心が軽くなりました。今は、日体大生が試合なんかで頑張っている姿を見ると、つい応援してしまいます。それくらい、日体大のことが好きになりました。

皆さんが、立派な社会人になって巣立ってくださることを、心から応援しております。

## 《日体大生たちの感想》

・本日はありがとうございました。想像を超える事件の様子に涙が出てきました。そして、そんな事件を起こしたのが自分の先輩であるということに対しても辛い気持ちになりました。私は将来、教育関係の仕事に就きたいと考えています。たくさんの命を預かる責任ある仕事だということをもう一度改めて自覚しました。お話を聞くことができてよかったです。

・指導者であれば、勝利を求め、オーバーワークをさせてしまうことがあると思う。私立の学校なら余計そうかもしれない。何も価値を目指さず、楽しむことだけを優先しろとは言わないが、指導者としてきちんと知識を持てば、そこまでの練習はさせないはず。厳しく指導している自分に酔いしれている指導者は辞めて頂きたい。

・そんな教員がいるのかと驚き、日体大で何も学んでいないのだなと思った。硬膜下血腫の知識も大学1年のスポーツ医学で学んだ。大学で学ぶ一つひとつの授業が教員としてのあり方、人の命に関わるものとして本当に大切な内容なんだと感じた。

・日体大の卒業生という事実に衝撃を受けた。いま授業では、こまめな休憩を取ることや生徒の様子を見て判断すべきであると教わっているため、こんな不適切な指導をするという考えもなかった。命を預かるということの重みに対する意識の希薄さの表れかと思う。スポーツを行うにあたって体調管理は大切であると再認識すべきだ。

・まず、始まる前に冊子で事故の内容を読み、残酷すぎて読み切ることができませんでした。そして、その顧問が日体大卒と聞き、大変ショックを受けました。お話を聞けば聞くほど、顧問の気持ちがまったく分かりませんでした。本当に同じ人間とは思えません。どうして、誰が見ても病院に連れていかなければならない状況で、連れていかなかったのか。どうして両親に何の説明もないのか。理解できません。周りの生徒も本当に苦しかっただろうし、ご家族の気持ちは想像できないほどです。絶対にこのような事が今後起こらないよう、このような指導者にならないようにしていきたいです。

・日体大卒の先生方、先輩方の悪しき意識、改善すべき点があることは事実であり、この現実を真っ直ぐに受け止めなければならない。このような現実を正しく広め、恵さんのためにも次の事故防止に努めることが、日体大出身となる私の使命だと思った。

・この話を聴いて、本当に命の大切さを感じた。命は一つしかない。そのために、教師は何をしなければならないのかを、知っておかなければならない。もし、先生に子どもを殺されたら、私は自分が自分ではなくなると思う。だから、絶対に殺すような指導はできないと思う。今後、そのような生徒が絶対に出ないよう、私は努力していきます。

・部活動を指導する者は、何よりも生徒の安全を考えていかなければならないと深く感じました。人の気持ちや考えを感じ取ることのできない指導者を出してはいけないし、指導者になってはいけないと思いました。絶対に同じような事件を起こしてはいけない。

・「感情だけでの指導はやめて下さい」。指導者を目指す私たち日体大生にとって非常に大切な言葉であると思いました。命より大切なものはないです。消えた命を取り戻すことはできないから、自分たち指導者を目指す人間がもっと学ぶ必要性があると実感しました。

case file **2**

中学強豪柔道部の顧問から「なぶり殺し」にされた

# 村川康嗣《むらかわこうじ》君

村川弘美《むらかわひろみ》さんとは、前の大学にいる際に知り合った。弘美さんの最愛の息子、康嗣君が中学の部活動で亡くなった責任を学校と顧問に対して問う裁判によって、勝訴判決を得た直後のことであった。

「判決では、ほぼ満額の賠償金が認められました。ただ、ご遺族が判決にまったく納得していない」

突然、事件の担当弁護士からの相談を受けたのである。それは、「(町立) 中学を管理する町に対する損害賠償責任は認められたが、肝心の顧問には、『国家賠償法』を理由に、損害賠償責任が認められない。しかし、ここまでのひどい殺し方をした顧問個人に何らの責任も問えないというのはおかしい」というのである。

『国家賠償法』は、学校事故・事件の被害者からすれば、悪法でしかない法律である。制定されたのは、昭和22年。戦後の動乱期に制定された古い法律で、制定以降一度も改正されておらず、最初に制定された条文のまま、今日まで力を持ち続けている。同法一条一項は、次のように規定する。

『国又は公共団体の公権力の行使に当る公務員が、その職務を行うについて、故意又は過失によって違法に他人に損害を加えたときは、国又は公共団体が、これを賠償する責に任ずる』

つまり、公務員の身分にある人間が業務上、故意または過失によって他人の生命や身体、権利を侵害した場合、それを雇う国や自治体がその賠償責任を負うという法律なのである。これは、『学校部活動の顧問によるひどい体罰によって子どもの命が奪われた』という場合であっても、体罰教員には民事上の責任が問われることなく、財力のある（しかし体罰には関係していない）国や自治体が税金を使って賠償するに過ぎないということだ。これでは、被害者は納得できないであろう。

被害者が納得できない理由は、他にもある。まず、学校管理下での死亡事案にあっては、たとえ暴力的な指導が行われていたとしても、その教員に刑事責任が問われることはきわめて稀である。ましてや柔道のような武道の指導においては、『指導なのか体罰なのか』『技を教えているのか暴力なのか』の境目はきわめて曖昧だとされる。

また行政処分、いわゆる『教師への懲戒処分』も、生徒の側の被害の深刻さに比べて、非常に軽微なものにとどまることがほとんどだ。懲戒免職になることはきわめて稀であり、生徒の命を奪ったような場合でも、停職6カ月が限度である。先に紹介した草野恵さんの顧問も停職6カ月を経て、その後は当然のように学校現場に復帰している。

２０１２年に起きた桜宮高校バスケットボール部主将の自死事件は、生徒を死に追いやった教師が、自らの暴力行為が生徒を死に追いやったことを認めたため、刑事責任を問うことも、懲戒免職処分を課すことも困難ではなかった。これは、きわめて例外的な場合である。

通常は、同種の事案にあっても、加害教師は暴力そのものの存在を否定したり、『教育目的での懲戒行為』であって『生徒の死と自らの（懲戒の範囲内の）行為とは無関係である』と、行為と死との因果関係を強硬に否認することが常である。「やった」「やらない」の水掛け論となった場合、立証責任は被害者側にある。学校という密室の中で行われた暴力の存在を、被害者側が立証することはきわめて困難である。また、目撃者である在校生たちも、自らの保身を考えて口をつぐみがちである。

まさしく村川康嗣君の事件でも、刑事訴追は『死と顧問の指導との因果関係の立証が困難』として見送られ、顧問は懲戒処分をまたずに、学校を辞め、さっさと引っ越して行方をくらましてしまった。そして学校は、その後も顧問のことをかばい続けた。

当時の私は遺族側の弁護士から事件の全記録の提供を受け、顧問の個人責任を問うための控訴審をともに戦うことになった。記録を読み進めるうちに、どうしても『国家賠償法』の壁を破り、元顧問個人に責任を取らせたいという気持ちになっていたのである。

## 中学入学、柔道部に

康嗣君は2009年の中学入学時、身長173センチメートル、体重73キロと、恵まれた体格をしていた。そこを見込まれ、すでに柔道部に入っていた同級生に誘われて、5月15日に柔道部に正式入部した。その柔道部は強豪であり、「県下で一番きつい練習をしている」と顧問が日頃から豪語するほど、厳しい練習を行うことで知られていた。また、中学校のあるA町ではスポーツ少年団の活動が活発であり、その団員のほとんどが当該中学校に入学してくることから、部活動への入部時には、ほとんどの生徒がその競技の経験者であった。

一方康嗣君は、5歳から10歳まで週1回スイミングクラブに通ったくらいで、それ以外の運動経験は皆無という状態だった。さらに康嗣君には喘息の持病があり、母親である弘美さんは柔道のような激しい運動をさせることに不安があったため、康嗣君の入部に際しては、学校を訪れて顧問との話し合いの機会を持ってもらった。

「大丈夫です、お母さん。康嗣君が柔道に慣れるまでは、完全に初心者向けの軽い別メニューで参加してもらいます」「しんどかったら休んでもらったらいいです。康嗣君の喘息のことや体調のことは、私から柔道部員たちに伝えて理解させます」

まだ二十代半ばと若い顧問は、弘美さんの不安に対して誠実に対応してくれた。弘美さんは安心して、この顧問に康嗣君を任せることにしたのである。

ところが、この顧問は『別メニュー』など、さらさら用意するつもりはなかった。入部当初こそ、康嗣君ら初心者に乱取りなどはさせず、経験者・上級生たちが乱取り練習を行っている間にマットを使って受け身や技の練習をさせていたようではあるが、顧問は受け身も満足に取れない状態であり、乱取り練習すら開始していない康嗣君を、5月早々の対外試合にエントリーさせている。そして、康嗣君が乱取り練習を開始したのは、5月31日のことであった。

本件柔道部員の内訳は、男子11名、女子3名の計14名であり、学年別では、3年生が3名、2年生が5名、1年生が6名で、1年生のうち康嗣君を含む2名のみが柔道未経験者であった。康嗣君が在籍した前年、県大会では男子団体準優勝、女子団体優勝を飾っている。その予選となるブロック大会では男子団体準優勝、女子団体優勝、さらに男子個人戦でも50キロ級で2位、60キロ級で3位、66キロ級で優勝、90キロ級で優勝、女子も44キロ級、52キロ級、57キロ級で、いずれも優勝している。練習はきわめて過酷であり、体罰とも指導ともつかない暴力的な指導は日常茶飯事で、試合中や練習中、気に入らない動きをしている生徒がいると、顧問は容赦なく殴る蹴るの鉄拳制裁を行った。こうした過酷な練習を耐え抜くことで、部員たちは否が応にも鍛え抜かれた精鋭になっていたのである。

このような部活動の状況であったことから、弘美さんがまったく知らないところで康嗣君は徐々に消耗し、やがて部への不適応を起こしていた。しかし、部活動がきついとは母に伝えても、後に挙げるような理不尽な仕打ちを受けているとは、康嗣君は決して言わなかった。

実は、弘美さんは康嗣君が小学校高学年の頃に夫と離婚していたため、女手一つで康嗣君と小学生の妹を育てていた。父親代わりもしながら仕事に、家事にと懸命に頑張る母の姿を見て、康嗣君は決してお母さんには心配をかけるまい、自分が強くならなければならないと決めていたのである。

柔道部の練習は午前7時30分開始の朝練習と放課後16時から18時15分までの練習との二部構成になっており、康嗣君は入部当初こそ朝練習にも参加していたが、体がついていけず、弘美さんからの申し出で参加を免除されていた。

また、事故後に判明したことだが、康嗣君は部活動が始まる時間になると悪心や嘔吐、頭痛などの体調不良を起こしており、実際に部活動に参加した日数は他の部員の半数程度に過ぎなかった。

強豪を率いる顧問からすれば、部活動を休みがちの康嗣君の存在を快く思っていたはずがない。康嗣君はしょっちゅう顧問から呼び出され、やる気がないと責め立てられ、時には他の教師もいる前で、平手で頬や頭を叩かれていた。部への不適応と暴力的指導に対する恐怖などから、入部当初73キログラムあった康嗣君の体重は、約3カ月で65キログラムほどに減っていた。

## 常識外れの練習方法

本件柔道部では、試合前の『追い込み』時期ではない普段の活動においても、明らかに実践に偏った、つまりは『試合に勝つ』ことばかりを指向した練習を行っていた。放課後の部活動の時間は16時から18時15分の2時間15分であったが、うち実践練習である乱取りが、その大部分を占めていた。乱取りは、毎日4分間を11本、それから3分間を10本がルーティンとされていた。4分間の乱取りでは、1本目から5本目までの各乱取り後には1分間のインターバルが入り、6本目のあとには4分間のインターバルが入り、7本目から10本目のあとには1分間のインターバルが取られており、さらに3分間の乱取りでも同様のインターバルが取られていたということであるから、乱取り練習だけで1時間半を超過していたことが分かる。

また、本柔道部の練習方法で驚かされたのが、イレギュラーながら、部員たちに『防塵マスク』をつけさせて運動場外を長距離走らせたり、野球部と合同でグランドの隅から隅までのダッシュを20回ほど行わせるなどの、異常な練習方法である。この練習に耐えることができず脱落した康嗣君を顧問が激しくののしっていたことを、他の部員が証言している。この練習をやり切った上級生を含む部員たちもさすがに、顔を真っ赤にし、地面に両手両膝をついてえずいていたという。

このように、激しい運動状況下で呼気抵抗や排気抵抗の高い防塵マスクの着用を強要することは、生徒らに酸欠状態を強要していることになり、医科学的にきわめて危険な練習方法といわざるを得ない。果たして顧問は、『理不尽に耐えることで、強い選手になる』とでも思っていたのであろうか。ましてや康嗣君は、吸入器を手放せないほどの喘息を持病として有していたのである。かかる練習は拷問でしかなかったであろう。

## 事件当日（2009年7月29日）の練習内容

本件は、夏休み中の練習で起きた。事件の前日と前々日には夏季総体があり、そこでの1年生の成績が悪かったことから、当日は1年生をしごき上げる練習が行われることになったのである。外気温が30度を超える猛暑の中、13時から練習が開始された。道場には二台の扇風機が設置されていたが、湿気を含んだ生ぬるい風をかき回す程度の用しかなしていなかった。またこの時、顧問の大学時代の友人だという、教員でもない学外の人間が練習を見学していた。

## 目隠し、Tシャツでの寝技練習

準備体操と寝技の練習を行い、それが終わると顧問の『思いつき』で、部員たちに『目隠し』をさせた状態で、2分間の寝技乱取りを、対戦相手を変えながら13本行わせた。この乱取りは、対戦相手とともに両膝立ちの状態で、双方の体をつかみ合って倒しあいをし、倒した方が押さえ込んで寝技をかけ、押さえ込まれた方はこれから逃げるというものであった。

上級生も下級生も、男子も女子も混じった集団の中で、相手が誰か分からない状態で組まされ、触覚を頼りに寝技の攻防を行うという異常な状況。とりわけ、顧問は日頃から「上級生は下級生に対して一切手加減するな」と部員たちに言い渡しており、初心者に遠慮して技をかけた上級生に対して平手打ちなどの制裁が加えられていたという。寝技もまだ十分に習得できていない康嗣君は、恐怖で混乱していたのではないだろうか。私にはどうしても、この顧問たちが『息抜きの余興』としてこれを楽しんでいたとしか思えない。そして3分間の水分補給の休憩を挟み、今度は『Tシャツ姿で』2分間の寝技の乱取りを13本行わせた。

このような練習方法を採用した理由について、顧問は後に調査委員会の聴き取りに対して、「部員たちは寝技が不得手だったため」と、不合理な説明のみに終始している。他方で、練習を見学していいた顧問の友人は、聴き取りに対して「自分はレスリングの経験もあるので、道着をつかまないで相手を崩す技術を教えていた」と弁解している。

ここで、柔道の寝技が不得手な生徒たちにあえて「レスリングの技を教える」必要性は一切ないといえよう。むしろ、レスリングは相手の身体を直接捕えて崩す、あるいは身体を抱え上げて落とす競技であるため、柔道よりも腕力を必要とし、当然不慣れな生徒たちにおいてはストレスとなり、疲労も強く出てくるであろう。

なお言うまでもないことであるが、中学生の柔道においては『襟と袖を正しく組んで、技を競い合う』ことが目的とされており、『講道館柔道試合審判規定』の少年規定には、『十分に相手の柔道衣をつかみ、手首を効かせて技が施せるよう』柔道衣の厚みまでも指定されている。柔道は道衣を掴む事を前提とした技術体系であり、特に少年柔道の段階では、規定を正しく守った適切な練習方法を実施する必要があるのだ。顧問らにとってこうした練習は、息抜きの遊びだったのかもしれないが、このような異常な練習を粛々と受け入れ、必死に取り組む部員たちの姿を想像すると、哀れに思えてくる。

## 地獄の乱取り練習

その後、14時15分から15時まで夏季総体の試合ビデオを全員で視聴し、10分間、１００本の打ち込み練習を行ったあと、乱取り練習が開始された。この乱取りは、明らかに大会の成績が悪かった1年生に対する制裁を目的としていた。２分１本で、１本ごとに相手を変えて行われるのであるが、１年生は常に上級生と組まなければならないものとされた。1年生は6人しかいない一方で、2、3年生は全員で8人いたことから、上級生は常に二人余ることになり、その間は休憩することができたが、１年生は休みなく上級生と組み続けるしかない。

しかも、本数は事前に設定されず、１年生部員の中から『ちゃんとできた者』といういきわめて曖昧な基準によって、顧問が一人ずつ抜けさせるという方式がとられた。そのため、残された1年生には終わりが見えず、さらに疲労が蓄積していくため、顧問が満足する動きがどんどんできなくなってゆき、何度もやり直しをさせられるという『いじめ』の様相を呈することは必定であった。

前述したように、この柔道部の上級生たちは県大会優勝クラスの猛者揃いである。そして1年生は、この時初めて、上級生たちと乱取りを行ったのだという。当然、この時も上級生たちには手加減が許されていなかったため、あまりのつらさと恐怖によって、途中で泣き出してしまう1年生部員も出ていた。

受け身の習得すら満足にできておらず、練習量も他の1年生と比べてはるかに少なかった康嗣君は、早々に息が上がってしまい、一方的に上級生に投げられるという状況であった。そして15本目の乱取りが終わった時、ようやく、給水休憩の時間がわずか2分間だけ与えられた。

摂氏30度を超える道場で、常に動き続け、投げられ続けていた康嗣君の身体は、切実に水分と休憩を欲していたはずである。しかし、なぜか康嗣君は水筒とは逆の方向にふらふらと歩いていったのだ。この段階で、Ⅲ度熱中症の症状である意識障害か、あるいは投げられた際に頭部を打撲したことによる脳震盪その他頭部外傷の症状の、いずれかが出ていたものと思われる。しかし、こうした異常な行動をとる康嗣君の姿を見た顧問は、「おい康嗣、そっちじゃないだろう！」と、笑いながら声を掛けたきりで、あとは康嗣君がきちんと水分をとったのか、まったく確認していない。

そして、2分間の休憩はあっという間に終わり、顧問は当然のように乱取りの続行を言い渡した。この頃には、同級生が顧問の指名によって一人、また一人と抜けていった。

残された康嗣君に、汗だくになりながら対峙した対戦相手の上級生は、康嗣君が汗をかいていないことにふと気づいた。「あれ？ 何でだろう？」とは思ったが、深く考える余裕はなかった。康嗣君の身体はぐにゃぐにゃでほとんど力が入っていないような状態だったので、顧問が日頃から部員たちに求めている『切れよく投げる』という投げ方をするのが難しかった。そのため、普段よりも力ずくで、康嗣君の足を無理やり跳ね上げ、ほぼ同体となる格好で畳に投げつけるしかなかったのだ。この時の康嗣君の様子をふり返り、上級生たちは「フラフラ、グニャグニャの状態だった」と語っている。

23本目の乱取りが終わった時、康嗣君を除く最後の1年生が抜けさせられた。24本目、25本目、康嗣君は投げられてもしばらく起き上がることができず、ようやく立ち上がっても膝関節や足首に力はなく、身体は右へ左へと不安定に揺れ続けており、いつ倒れてもおかしくないような状態であった。

私には、この時の康嗣君の苦しさが想像できない。この地獄の乱取りで康嗣君がどれだけ痛めつけられたのか、刻一刻と命が削られていく時、彼は何を思っていたのか。それは、私の経験したことのある苦痛のレベルのはるか先にある。

そして、顧問はそんな康嗣君の様子を、表情を、この時どのような気持ちで眺めていたのだろうか。これについては、想像できる。サディステックな興奮とともに、もっと痛めつけてやりたい、もっと苦しみを与えたいと考えていたはずである。なぜなら、この時、26本目の乱取りで、顧問は自ら、康嗣君の乱取り相手を買って出たからだ。

## 顧問自らが「とどめを刺す」

もはや立っていることすら不思議なほどに消耗しきっている康嗣君は、しかし、最後の力をふりしぼり、顧問に対して、自分の唯一まともにかけられる技である大外刈りを仕掛けようとした。恐らく、この時の大外刈りは、鋭さも力も一切なかったであろう。踏み込みが浅く、不安定な状態で行われた大外刈りを、顧問は悠々とかわし、重心の崩れた康嗣君に全力の大外返しで返し、康嗣君を畳にたたきつけた。この時の様子について、後に顧問は「右手で、康嗣の左耳後ろあたりの襟を握り、左手は、右手の肘あたりを握っていて、頭を打たないように引き上げていたため、腰あたりから畳に落ちた」と、頭を打っていないことを強調しているが、その真偽のほどは定かではない。

投げられた康嗣君は、しばらく起き上がることができない状態であったが、顧問の怒号にゆっくりと反応し、ようやく起き上がった。再度組み合った状態で、顧問は康嗣君の身体を左斜め後ろに押し、右足を一歩下げて前に崩し、倒した。そして、うつぶせに倒れた康嗣君の左奥襟を右手で持ち、左腰を康嗣君の頭につけ、右手で首を絞めつつ、反時計回りに回って絞め上げた。顧問は、落ちた手応えを感じて絞めを解いた。

しばらくすると、康嗣君がゆっくりと顔を上げたため、落ちていないと判断し、再度組み合うよう促し、また同じように崩して康嗣君の首を絞め上げた。部員たちの目には、この一連の顧問の技が『落とすために絞めている』と映り、ぞっとした。

果たして、康嗣君は意識を失ったが、顧問はすぐさま康嗣君に『気合い』を入れ、すぐに立たせて組むよう促した。この段階で、恐らく康嗣君の意識はほとんどなかったものと推測される。「技、かけないのか」という顧問の叱責にほぼ機械的に反応した康嗣君は、再び大外刈りをかけるようなそぶりをした。これに対して顧問は、再度これを渾身の大外返しで返したのである。康嗣君は、もはや何らの抵抗もできなかった。

恐らく顧問にとっては、康嗣君に、そして周りで固唾を呑んで見守る部員たちに、自分の力を十分すぎるほど見せつけた、カタルシスの瞬間であっただろう。康嗣君の身体はあっけなく畳に沈み、そして二度と起き上がることができなくなったのである。

畳に横たわる康嗣君を、きれいに技が決まり満足げに見下ろしていた顧問であったが、本来であればぜえぜえと息を切らして悶えているはずの康嗣君がぴくりとも動こうとしない様子を見て、ようやく異変に気づいた。だが顧問はこの時、康嗣君が顔に汗をかいていないことから、脱水症状であると考えたのである。友人に手伝わせ、康嗣君の柔道着を脱がせると、部員に水を持ってこさせ、顔や身体に水をかけた。「意識を戻すために」、何度も何度も康嗣君の顔を叩きもした。この間、康嗣君の呼吸はどんどん浅くなり、顎には硬直がはじまっていた。

異変に気づいて駆けつけた他の教員が、この様子を見て顧問に「救急車を呼ぶか？」と呼びかけ、16時21分、救急車が要請された。

16時28分、中学校に救急車が到着し、救急隊員2名が康嗣君の状態を確認した。

「瞳孔が開いている。重篤」

救急隊員たちは慌ててストレッチャーに乗せた康嗣君を救急車に収容し、顧問を付き添いとして乗せ、慌ただしく出発した。道場には、赤色灯とサイレンの余韻、そして唖然と成り行きを見守る柔道部員たちが残された。顧問の友人という人物は、いつのまにか消えていた。

## 「康嗣は今、生きるために頑張ってるんや！」

救急車が病院に到着した後、康嗣君の母・弘美さんの携帯電話に学校から電話があった。「部活動中に救急車で運ばれたので、すぐに病院に来てください」。弘美さんは、訳も分からないまま、取るものもとりあえず、急いで告げられた病院に向かった。

「息子が救急車で運ばれたそうなんですけど、どこに行けばいいでしょうか？」

「ＩＣＵの方に行ってください」

ＩＣＵと言われても、そこまでの重態となっているとは想像できなかった。ＩＣＵの前にある待合室まで行くと、うっすらと見覚えのある学校関係者らしき男たちに混ざり、先に到着していた弘美さんのお父さんが座っているのが見えた。父の顔から血の気の引いているのを見て、弘美さんはただ事でないことが起きていることを悟った。これから緊急で行われる手術の同意書には、この父がサインをしてくれていた。恐らく弘美さんにサインが求められたとしても、手が震えてペンが取れる状態ではなかっただろう。弘美さんは直後に医師から色々と説明を受けたが、それらはまったく頭に入ってこず、とにかく危険な状態であるということだけがかろうじて分かった。

「手術前に、一目息子さんに会っておいてください」

促されて入ったＩＣＵの中には、ストレッチャーに乗せられ、ピクリとも動かない康嗣君の姿があった。目は半開きで、口には酸素吸入器がつけられていた。

弘美さんの目からは涙があふれ、康嗣君の名前を呼ぼうとしたが、声がかすれてうまく呼ぶことができない。どうにか搾り出した弘美さんの声にも、康嗣君は一切反応しない。弘美さんは目の前が真っ白になり、立っていられなくなって、看護師に身体を支えられた。

康嗣君が手術室に運ばれていき、弘美さんは看護師に支えられて廊下に出た。すると、待合室の椅子に座っていた顧問が、なぜか声を上げて泣いていたのだ。弘美さんは猛烈に腹が立ち、「康嗣は今、生きるために頑張ってるんや！　そんな時に泣き声なんか聞かせんといて！」と叫んでいた。

## 診断「右《みぎ》急《きゅう》性《せい》硬《こう》膜《まく》下《か》血《けっ》腫《しゅ》」

私の手元には、この時の康嗣君のOPERATION RECORD（手術記録）がある。診断名は、右急性硬膜下血腫。手術時間は、わずか52分間。

緊急開頭手術を行い、頭蓋骨の下にある硬膜を除去したところ、血液が激しく噴き出してきたと記されている。血液を取り除いても取り除いても、出血は続いていた。そして、執刀医が出血部位を洗浄処置していたところ、脳が一気に腫れ上がってきて、開けられた穴からせり出すように、みるみる膨《ぼう》隆《りゅう》しはじめた。そのため、柔らかな脳実質が硬い穴の淵に押しつけられ、どんどん傷つけられてしまう。そこで執刀医はやむを得ず、キューサー（超音波手術器）を使って脳の一部を切除する手術（内《ない》減圧術《げんあつじゅつ》）に踏み切った。

内減圧術は、急性硬膜下血腫や脳挫傷などの重症頭部外傷の後に、脳が急激に腫れることで起こる二次性脳損傷を防ぐために行われる手術である。脳の一部を切除することによる脳機能の不全・低下などの予後不良が見込まれるため、実施する場合であっても最小限にとどめるべきとされている。康嗣君の場合、あまりにも脳の損傷が激しかったために、専ら救命のために行われたものであったことが、記録からうかがえる。

これだけの大手術が1時間以内に終了しているのも、執刀医において内減圧術をためらう猶予がないほどに生命危機が切迫していたためであろう。そして内減圧術を行った後も、さらに脳の腫れが進行する可能性を考え、硬膜を縫合せず骨も除去したままで頭皮をステープラーで閉じている。

なお、8月1日付の医療記録には、『部活の柔道中転倒し、意識消失にて救急車で来院』と記載されている。康嗣君に付き添って来院した時、顧問は医師に対し、さも康嗣君が部活動中に勝手に転んだかのように申告していたことが分かる。

## 手術後

手術が無事終わることを祈りながら待つ弘美さんにとって、この1時間足らずの時間は、永遠のように感じられた。手術が終わり、ようやく執刀医に呼ばれ、説明を受けたが、弘美さんを安心させる言葉は一つもなかった。依然として康嗣君の命は予断を許さないという意味だけを、ようやく理解することができた。

手術を終えた康嗣君は、体中に管が繋がれていて、相変わらずピクリとも動いてくれない。弘美さんは康嗣君の手をさすり、声を出さずにずっと泣いていた。次の日も、次の次の日も康嗣君はそのままの状態であり、弘美さんは毎日を、恐怖とともに過ごした。病室に付き添っている時には、うまく息ができなくなり、胸がむかつき、何度もトイレに行って嘔吐した。

アパートに戻ると、康嗣君が元気だった時の姿ばかりが浮かんでくる。何度も康嗣君が呼ぶ声が聞こえ、幻まで見えてきて、辛くていられず、数時間の仮眠のためだけに病院の近くにホテルをとった。病院にいても、康嗣君の状態が日ごとに弱っていくのが感じられてつらくなり、ＩＣＵと待合室を行ったり来たりしていた。

そして、柔道部員やその保護者たちが、ぱらぱらと見舞いに来てくれるようになった。そこで部員たちは、控えめながら、事故当日に康嗣君の身に起こったこと、顧問による地獄のようなしごきや暴力的な指導の内容などを、少しずつ語ってくれた。弘美さんは、康嗣君が受けたあまりにもひどい仕打ちを知り、怒りと悲しみで気が狂いそうだった。

その頃弘美さんは、生きている康嗣君の姿を残しておきたいと考え、病室にビデオカメラを持ちこむようになった。医師からは、そう長くはないと伝えられていたが、それでも頑張って生きようとしている康嗣君の姿を残したかったのだ。私は、この時撮影したビデオを見せてもらったことがある。寝たきりで硬くなった関節を、弘美さんの手が一生懸命、優しくマッサージしている。

「康嗣、部活でこんな目に遭わされて、悔しいなあ、悲しいなぁ。お母さん、あんたをこんな姿にした顧問が、絶対に許せへん……」

康嗣君の生命の徴候を伝えるモニター音に重なり、弘美さんがつぶやく声が聞こえてくる。本当に悲しそうに、悔しそうに搾り出された声が、もう話すことのできなくなった康嗣君の気持ちを代弁している。この時の弘美さんの気持ちは、おいそれと他人が想像できるようなものではなかったろう。悲しみと、怒りと、後悔と、無念と、まだかろうじて康嗣君の温もりを感じることのできる喜び……。

しかし、こんな日々にもとうとう終わりがきてしまう。

## 永遠の別れ

２００９年8月24日、ついに康嗣君の心臓が止まった。弘美さんは泣きながらも、康嗣君の身体から温もりが消えるまで、ずっと康嗣君に触れ続けようと思った。しかし、死亡の連絡を受けた警察が、非情にも、司法解剖のために康嗣君を連れていくという……。解剖が終われば康嗣君の亡骸を実家に届けると警察に約束させ、弘美さんは娘を車に乗せ、泣きながら実家までの道を運転した。

夕方、司法解剖から戻ってきた康嗣君は、もうすっかり冷たくなっていた。弘美さんは康嗣君の遺体にすがりつき、声を限りに泣き続けた。それでも、周囲は康嗣君との別れを急かしてくる。通夜、葬儀、埋葬と、喪主である弘美さんが一切の手配をしなければならず、ただ義務をこなすことに必死で、あっという間に康嗣君は骨になってしまった。あんなに大きくて、元気だったわが子が、こんな小さな骨にされてしまった……。無念で苦しく、倒れそうになりながらも、必死で康嗣君の骨を拾うしかなかった。それから何日も、康嗣君と一緒にいたくて、骨壺のそばで過ごした。息を吸っても息苦しくて、少しでも早くあの子のそばに行きたいとばかり考えていた。

## 逃げ出した顧問、厚顔無恥な学校

康嗣君が亡くなった1カ月後、顧問は中学校を依願退職し、村川家に何らの謝罪も説明も挨拶もなく、妻子を伴って忽然と行方をくらました。誰にも行き先を告げておらず、『雲隠れした』のである。

後に、裁判で呼び出された時、元顧問はこの失踪の理由を問われ「家族を守る必要があったので」と答えた。命より大切なわが子を奪われた弘美さんの目の前で、その命を奪った人間が平然と口にしたのである。この時の弘美さんの心情を思うと、どうしようもなくやるせない気持ちになる。

また、年が明けた1月、弘美さんは康嗣君の事故についてテレビで放送されているのを目にした。そこで、康嗣君のいた中学校の校長が「康嗣君の頭部表面にあざなどがなかった」という事実をことさら取り上げ、康嗣君が死んだのは柔道部の練習とは関係ないなどと言い放ったことを知った。この時校長は、「倒れたのが柔道の練習中だったからああなったが、あれが自宅で倒れていたとすれば、また違ったことになった」とまで言ったのである。この報道を見ていた地域の人々には、康嗣君にはもともと持病があり、運悪く部活動中に倒れただけで、学校には一切落ち度はないという見方が広まった。そのため、マスコミに対して柔道部の練習に対する疑問を語っていた弘美さんを、「学校のせいにして、学校から金を巻き上げようとしている」などと平然と批判する人まで出てきた。

## 地域との確執

また、加熱する報道を受けたのであろう、2010年1月下旬、中学校を設置するA町は、第三者委員会による事故検証を行うことを決めた。しかし、こうした決定は弘美さんら遺族には一切知らされておらず、弘美さんはテレビのニュースでそれを知った。事故から6カ月近くが経過した段階での事故検証は遅きに失していると言わざるを得ないが、事故検証報告会が開かれるのは、さらにその6カ月ほど先のことであった。事故調査委員会は、顧問の指導が不適切であったことを認めたが、責任の所在については曖昧なままの報告書をもって調査を終了した。

一方、この報告を受け、当時の町長が記者会見を開き、「事故の責任は、当時の顧問、管理者である学校長、中学校の全教職員、A町教育委員会、A町のすべてにある。遺族に対して謝罪を行う。遺族に対して償いたい、継続して対話していきたい」と語った。しかしながら、この会見以降、町長が村川家に赴いたり、遺族に連絡してくるようなことは一切なかった。地域住民たちに『町は遺族に対して誠実に対応している』と信じ込ませるためのパフォーマンスにすぎなかったのである。

さらに町長はこの年の8月下旬に、遺族に無断で「今日は、柔道訓練中に亡くなった村川康嗣さんのお墓に教育長、次長、中学校長、学校教育課長とともに五人でお参り致しました。明日が3回目のご命日です。教育長の導師でお経を上げ、お線香、お花を手向けさせて頂きました」と、写真つきでブログに報告したのである。町長は厚顔無恥にも、記者会見以来、遺族に一度の連絡もしていなかったにもかかわらず、再度『誠意を持って遺族に対応している』というパフォーマンスのために、康嗣君のお墓を利用したのである。また、この時町長に同道した校長は、元顧問の肩を持ち続け、教師や生徒らの口止め工作を行うなど、一切学校側の非を認めていない人間であったばかりか、弘美さんが目下業務上過失致死で刑事告訴している相手でもあったのだ。こうした行いがどれほど遺族を愚弄し、苦しめるものであるのか、明らかにこの町長たちには想像力が欠如しているとしか言いようがない。

しかし、町の人間はこうした町長のパフォーマンスを信じ、「町も責任を認めたんだから、よかったじゃない」「もう忘れなさい」などの心ない言葉が、弘美さんら遺族にかけられることになった。

康嗣君の名誉のためにも、真実を世に知らしめるためにも、弘美さんは町と学校長、そして元顧問を相手取って裁判を起こすことを決意したのである。

それからのことについては、冒頭で触れた通りである。

## 《日体大生へのメッセージ》――村川弘美さん

皆さんは、これから学校の先生になって、きっと部活動の指導なんかもするようになると思います。でも、生徒は、皆さんのようにスポーツが得意な子ばかりではないということを、知っておいてください。そして、そんな子が、うまく部活動になじめなかったり、練習についていけてなかったとしても、怒らないで、どうか励ましてあげてください。子どもは先生に怒られると、萎縮してしまって、ますますそのスポーツができなくなってしまいます。どうか、そんな子どもに、根気よく、スポーツの楽しさを教えてあげてください。

康嗣は、建築家になることが夢でした。本当に親孝行な子で、小学生の頃から「母ちゃん、僕が大きくなったら、家を建ててたるからなぁ」と言ってくれていました。私は、何よりもその優しい心が嬉しくて、康嗣の成長を本当に楽しみにしていました。そんなささやかな幸せを、康嗣の未来を、顧問は奪ってしまいました。それも、うちの子が練習をさぼっているように見えたから。気に入らないから。気合が入っていないから。そんな勝手な理由でです。

皆さん、どうか、一時的な感情で子どもを痛めつけるような指導は絶対にやめてください。「つい、かっとなってやってしまった」だけでも、子どもは大人に比べて、本当に弱い立場です。康嗣は、圧倒的な力の差のある柔道有段者である顧問から、一方的な暴力を受け、命を亡くしてしまいました。その時から、私たち家族は、生きる希望を失くしてしまいました。大好きな人ともう二度と会えない苦しみを、どうか想像してみてください。

そしてもし、皆さんが先生になった時、同僚の先生が生徒に暴力をふるっているところを見たとしたら、勇気を出して止めてください。子どもは、生徒は弱い立場にあるので、声を上げることができません。先生を止めることができるのは、先生だけなんです。どうか皆さんには、生徒を助ける先生になってほしいと思います。

## 《日体大生たちの感想》

・今、私ができることは、部活動中や私生活などで後輩の体調の変化に気づいてあげることだと思います。そして、これから先、指導者になった時、その子どもに合った強度の練習や体調に合わせた対応ができるようにしなくてはならないと思いました。また、スポーツは、勝つことだけではないということも頭に入れて、指導に当たっていきたいです。

・今普通にスポーツができていること、自分の目標を目指して頑張れていることは当たり前じゃ無いんだと思いました。今までは事故が起こることなど想定していなかったので、今考えると、事故が起こり得た場面はたくさんありました。自分の安全を守ることはもちろんですが、部員（仲間）を守ることも必要だと感じました。

・受け身を取れずに乱取りを行ったとあったが、私も柔道を始めた時にはそうであった。最初は先輩に投げられ、つたない受け身で対応していた。私の場合は投げられていることがくやしくて、朝一番で道場に行き、練習していた。だんだんと強くなっていった時、勝負なので手は抜かなかったが、初心者に対しては、私も気をつかって技をかけていたし、昔の私の姿が重なり、絶対に無理をさせることはなかった。なぜこのような稽古が行われているのか、柔道を専門的に学んでいる人であれば、考え直すはずである。私は今後、柔道の指導者になるが、絶対にこのようなことは繰り返さないよう、事故を根絶していきたい。

・僕は、幼い時からスポーツが好きで得意でした。だから、スポーツは素晴らしいと思っています。しかしスポーツは、大きなエネルギーを持っていて、間違えば人の命さえ奪うということを学びました。私は、将来康嗣君の身に起きたような事件が、自分はもちろん、周りでも二度と起きないように努めます。体罰は、言葉では知っていても、理解してもらうのは本当に難しいと思います。今後も様々なところで講演されると思いますが、心から応援しています。

・自分の子どもがこのような事件で亡くなってしまったら、どうなってしまうだろうか。考えるだけで恐くなりました。なぜ部活動でこのような事件になってしまうの。もし康嗣運が生きていたら、私と同い年だったと思うと、本当に悲しいです。これから夢のある人生を送るはずだった生徒がなぜ、と思います。私は将来、福祉職を志望しています。社会的に弱者と見なされているような人たちの言葉にならない声を大切にしていきたいです。もう二度と、康嗣君のような辛い事件を起こしたくありません。

・柔道の「道」とは？ 顧問は「指導者」以前に「人」として、「道を踏み外している」としか思えない。

・柔道初心者にもかかわらず、しかも、持病の喘息が出る危険がある中、乱取りをさせられ、死に追い詰められてしまった康嗣君。上下関係が厳しいスポーツの中で、このような状況下にあったら何も抵抗はできなくて当たり前だと思う。顧問としてあるまじき行為をし、死の直接的な原因となった人間を許してはならない。将来の指導者の卵である私たちは、このお話から部活動の本来あるべき姿を考え直し、他者にも伝えていかなければならないと思った。

・指導者を目指す僕には、とても心に響きました。子どもへの指導の仕方次第で、死に至ってしまう。生半可な気持ちでは、指導者になってはならないと思いました。

case file 3

# 剣道部顧問の暴力指導により、「内臓が煮えて死んだ」

# 工藤剣太《くどうけんた》君

工藤さんご夫婦に最初に会ったのはまだ日体大に移る前、2015年11月に衆議院会館で行われた、部活動事故をなくすための国会議員勉強会であった。その日は、名古屋大学の内田良先生と私が30分ずつ、部活動事故に関する学際的な報告をしたあとで、被害者・遺族の方々が何人か登壇して、国会議員たちに部活動事故の実情について陳情するという流れになっていた。

最初は、被害者が四、五人で、各自5分ずつ話すという予定であったが、「どうしてもうちの事故と学校側のひどい対応について、国会議員の先生たちに知ってほしい！」と、全国の学校事故被害者たちが次々名乗りを上げ、希望者全員が話すとなれば2分間が限度ということになった。そこで私は、「私の時間を10分くらいに減らして、あとは皆さんの持ち時間にしてください」と申し出た。

結局、私の持ち時間は15分間ということになったものの、被害者の方々に与えられた時間はわずか3分間。そして工藤剣太君の母、奈美《なみ》さんは、この3分間のために大分県の竹田市から、霞が関までやってきたのだ。

「3分間で、何が話せるかと考えていたんですが、息子の風音《かざと》は、『おかん、剣道の試合での3分って、どれだけ長く感じると思うか？　試合では、その3分間でこれまでの稽古のすべてを出し切るんだ』と言っていたんです。私は『いける。3分間で伝えられることは、たくさんある！』と思いました」

後に、奈美さんが私に語ってくれた言葉である。その言葉通り、奈美さんは与えられた3分間をフルに使い、体罰教師の身分が守られすぎていることで、いかに子どもたちの命が危険にさらされるのかを、国会議員たちに力強く訴えた。実はこの時工藤さんたちも、村川弘美さんと同様、部活動中に愛息の命を奪った元顧問の個人責任を問う訴訟を戦っている最中であった。

「私たちは、未来の子どもたちの命を守るための戦いをしていると思っている」

工藤さんたちも、第一審で元顧問の指導の違法性が認められ、高校設置者である県にほぼ満額の賠償金の支払いを命じる判決を受け取っていたが、国家賠償法によって元顧問が一切の賠償責任を負わないという判断に納得できず、県が支払った賠償金の受け取りを拒否。全額を法務局に供託した上で、顧問個人の責任を問うために控訴し、控訴が棄却されると、すぐさま上告した。そして、上告審でもあっさりと公務員である元顧問の責任が否定されたため、今度は住民訴訟を起こし、「大分県が元顧問の故意・重大な過失に基づいて支出した税金を、元顧問が負担するよう求めるべきだ」との訴えを展開したのである。先に示した国家賠償法1条2項には、以下のように規定されている。

『2. 前項の場合において、公務員に故意又は重大な過失があつたときは、国又は公共団体は、その公務員に対して求償権を有する』

ここでの『前項の場合』というのが、公務員が職務中に他人の生命や身体・権利を侵害した時に、その損害を、その公務員に代わって国・自治体が賠償するという場合を指す。そして、その損害を出した公務員に『故意や重過失』があった場合には、その賠償を肩代わりした国・自治体が、その公務員に対して「肩代わりした賠償金を返せ」と主張することができる（求償権）と規定しているのだ。

つまり工藤さんは、今度は納税者である『県民』の立場で、「悪質な教師の尻拭いのために税金を支出することは許されない。県は、教師本人に支出した税金の補填をさせるべきだ」という訴訟を起こしたのである。被害者遺族がここまでするのは大変なことであり、膨大な労力と訴訟費用、忍耐を要したであろうことは、想像に難くない。

そしてついに２０１６年12月、工藤さんのこの訴えが大分地裁で認められ、県が控訴するも、２０１７年10月に福岡高裁で控訴が棄却されたことで、工藤さん側の勝訴判決が確定した。執念で、元顧問教師の個人責任を司法に認めさせたのである。

また、この訴訟と並行して、工藤さんは元顧問教師の刑事処分を求めるための戦いを大分地方検察庁、福岡高等検察庁、そして霞が関にある最高検察庁を舞台に、戦い抜いた。結局、この戦いには敗れ、顧問を刑事被告人にすることはかなわなかった。奈美さんの夫、英士《ひでし》さんは言う。

「ここまで戦ったのは、顧問に対する処分があまりにも軽かったため、われわれは到底納得することができなかったからです。あんなひどいやり方で息子を殺した人間が停職処分だけで済んで、刑事責任も民事責任も負わない。これでは司法が、今後も同じような事件が起きても構わないというお墨つきを与えたようなものです。そんなことは、絶対に許されない」

工藤さんが勝ち取った、顧問教師個人に賠償責任を認めた判決は、多くの学校事故被害者たちの希望になっている。ここまで被害者遺族の闘争心を掻き立てた、工藤剣太君の事件を紹介する。

## 剣士の父、太鼓パフォーマーの母

工藤剣太君は、剣道指導者であった父と、太鼓を得意とする母との間に生まれた最初の子どもであった。父母が得意としていた剣道の「剣」と太鼓の「太」を取り、剣太と名づけられたのである。英士さんは、「心と体を鍛え、人を思いやれる立派な人間になってほしいと願い命名しました」と語る。

そして翌年には、年子の弟、風音君が生まれた。

剣太君と風音君は、歳が近いこともあり、二人は大分県の豊かな自然の中でのびのびと育ち、双子のようにとても仲がよかった。剣太君は風音君の面倒をよく見てくれ、風音君は「剣太、剣太」と、いつも兄の後にくっついて回った。仕事の都合で二人を初めて保育園に預けた時には、淋しがって泣きやまない風音君を、3歳の剣太君がずっと膝の上に抱いていた。それを保育士の先生から聞いた時、両親は「自分も不安で泣きたかっただろうに、弟を心配して精一杯守っていたんだな……」と、剣太君のいじらしさと、兄としての責任感の強さを感じ、涙が出たという。

剣太君が小学校1年生、風音君が保育園の年長組の時、兄弟は同時に剣道をはじめた。暑い日も、足がかじかむ寒い日も、小さな身体に大きな剣道具を背負い、休まず剣道場に通い続けた。兄弟はどんどん剣道に夢中になり、体もみるみる大きく成長し、中学高校と、ともに剣道部に所属し、めきめきと頭角を現した。

「本当に、真っ直ぐな、きれいな剣道をしていました」

剣太君の剣道を振り返り、英士さんは目を細める。高校で剣太君の剣道の腕前はトップレベルであり、もう一人の女子部員と、たった二人しかいない三段を取得し、2年生で主将を任された。この年、風音君も大分県立竹田高校の剣道部員となった。

## 体育大卒の顧問

高校の剣道部の顧問は体育大を出た体育の教師で、剣道七段。厳しい指導で剣道部員以外の生徒たちからも恐れられる存在であった。前任校でも剣道部の顧問を任され、辣腕をふるったが、あまりに厳しい指導に保護者から批判が上がり、剣太君の入学することになる竹田高校に転属となった。

剣太君が入学する1年前、剣道部の夏合宿中に、熱中症で救急搬送される生徒が何人か出た。それが高校で問題となり、剣道部の保護者会の中で「合宿中に熱中症が出ても、救急車を呼ばないようにしよう」という合意ができた。

保護者たちの間には、「剣道部の厳しい稽古で熱中症が出るのは、それだけ顧問が真剣に鍛えようという熱意のたまものであり、感謝こそすれ批判してはいけない」という空気があったのだ。そして剣太君が1年生の時の夏合宿で、剣太君は熱中症を発症したが、救急車を呼べない雰囲気であったため、父親の英士さんが病院に連れていったのだという。それでも合宿は平然と続けられた。

剣太君が主将に指名されてからは、顧問による集中的な『いじめ』とも『しごき』ともつかぬ集中攻撃がはじまった。恐らく、剣道のセンスのよい剣太君の実力を、顧問は買っていたのであろう。しかし、主将である剣太君を見せしめにするため、いつも他の部員の前で剣太君を罵倒し、何度も何度も練習をやり直させた。これは、竹田高校の前任校時代から好んで用いられていたやり方で、ターゲットを作ることによって他の部員にいうことをきかせようとしていたのである。前任高校の剣道部では、同じようにターゲットにされていた主将の生徒は結果として不登校となり、剣道部を去っている。

## 夏休み中の部活動

２００９年8月14日から16日のお盆期間中、部活動が休みになった。さらに、この時期にインフルエンザの生徒が複数人出たため、17日から20日までの4日間、部活動は自粛、部員たちは自宅待機とされた。最も暑い時期の7日間、部活動が中断されていたのである。

そして21日から、部活動は再開された。1週間ぶりの部活動に際して、顧問は剣太君に「足が動かんくなるまでやれ」と厳命して部活動の指揮を任せ、自らは涼しい体育教官室で作業を行っていた。道場の暑さにも、久しぶりの稽古にも身体が十分に慣れるはずもなかったが、剣太君は主将として誰よりも率先して動き、決められた練習メニューをこなした。練習を終え、剣太君は汗でびしょびしょ、へとへとになりながら顧問のところに部活日誌を持っていった。すると顧問は、剣太君を一瞥し、ねぎらうでもなく、「お前、どうやってここまで来たんじゃ。歩いてか。足が動かんくなるまでやれっちいうたじゃろうが」と申し向けた。あまりの言葉に思わず絶句する剣太君に対し、顧問は言い放った。

「お前、明日の練習では、覚えちょけよ」

## 事件当日

そして事件当日である8月22日の朝、剣道部の練習に兄弟の大好物であるミートボールの特大おにぎりを持たせようと、奈美さんは台所に立っていた。そして、部活動に行くために起き出してきた剣太君に「剣くん。ミートボール入りのおにぎりやけど、1個、2個？」と声をかけた。

「う～ん。1個でいいや。部活きついと食べられんけん」

「じゃあ、風音の分とで2個ね。ここに置いちょくよ」

こんなやり取りをし、二人を学校に送り出したのだ。この時心をこめて作ったおにぎりを、ついに剣太君は食べることができなかった。

この日の剣道部の練習は午前9時頃に開始され、顧問と剣道五段の副顧問の立会のもと、8名の部員が参加していた。当時の外気温は30℃を超えており、風通しの悪い剣道場は蒸し風呂状態であった。練習開始より午前9時55分頃まで、胴と垂れを付け面はつけない状態で体操、素振り、足さばき等の基礎練習が行われ、その後、約30分間の休憩がとられた。部員たちは剣道場のすみに置かれたジャグに群がったが、「水を飲み過ぎると動きが悪くなって、顧問がブチ切れる」と、小さなコップで2杯程度しか飲まなかった。当然ながら、この1時間弱でかいた汗を補える量ではないし、この後のきつい練習に備えることもできまい。それでも部員たちは、自分たちのどういう行動が顧問の逆鱗に触れるか、十分すぎるほど学習していたのである。

10時25分、練習が再開され、面を着用して面打ち、切り返しの激しい稽古が行われた。この際、顧問は、大きく行う面打ち、大きくゆっくり行う切り返し、大きく速く行う切り返し、一息の切り返しなどといった練習を指導していたのであるが、いつものように、矛先が剣太君に向けられた。「一息の切り返しで息継ぎをしている」として、剣太君のみに何度も一息の切り返しの練習を追加して行わせ、さらに、その様子を固唾を呑んで見守る他の部員たち7名に、「工藤がちゃんとできていると思うか」と、その合否を判定させたのである。剣太君は見せしめとして、何度も何度も同じ動きをやらされ、そのたびに顧問は、あえて部員たちに判定させる。顧問が剣太君の動きに納得していないことは明らかであったため、部員たちは結局「不合格」とせざるを得なかった。

そして午前11時頃から、1対1で行う四人元立ちによる打ち込み稽古が開始された。この時も、顧問は剣太君の動きばかりに難癖をつけた。そして、剣太君の打ち込みについてやはり部員たちに合否を判定させていたのであるが、一人だけ何度も余分な練習を行わされていた剣太君は、やがてふらふらの状態になった。この時点で、熱中症を発症していたのである。「はあ。はあ。はあ……」。技も覚束ないほどに息の上がった状態になった剣太君の様子を見かねた一人の部員が、おそるおそる「合格」としたが、やはり顧問は「これのどこが合格だ！」と怒鳴りつけた。そして剣太君の発声が悪いと大声で罵りながら部員全員に集合をかけ、集合しようとした剣太君に向けてパイプ椅子を投げつけたのである。剣太君はそれを避け、椅子は剣太君の足元に落ちたが、それに対してさらに顧問は激怒し、剣太君のそばに行き、その突き垂れを持ち上げ、むき出しになった喉付近を叩いた。剣太君は一瞬息ができず、えずきそうになったが、かろうじてこらえた。

剣太君は、剣道場の脇に下がり、持ち上げられてズレてしまった面をつけ直そうと正座したが、その様子を見た顧問はなおも「そうやって休もうとしちょるんやろが！」と怒りをあらわにし、無防備な状態の剣太君の体を思い切り押した。その反動で、剣太君の体は激しく壁に打ちつけられた。この顧問は、明らかに感情に任せて剣太君に理不尽な暴行を加えているのであって、もはやこれは『指導』といえるようなものではなかった。

その後、顧問は部員たちに打ち込みの再開を言い渡した。三人元立ち、次いで女子部員2名を元立ちとした二人元立ちと続けられたが、この際、こらえきれずに外のトイレに駆け込み、嘔吐する部員がいた。その部員が体育館に戻ると、顧問が待ち構えていて、腰のあたりを竹刀で3発ほど打ち据えた。さらに別の部員が打ち込んだ後倒れ、なかなか起き上がれない状態になった。それを見た顧問は、面の上から3発ほどげんこつで殴りつけた。

こんな状態の部員が出ていても、顧問は休憩もとらせず、さらに見せしめのように激しい稽古を要求した。そして突如、有効打突を取って合格と判定された部員から抜けるルールの打ち込みを言い渡したのである。

## 「もう無理です」

一人元立ちの打ち込みで、剣太君を含む3名が残され、最終的には2名が抜け、剣太君だけが残された。こうして剣太君は、何度か打ち込みを行っていたが、熱中症の症状によるのであろう、面打ちについて、小技でしなければならないところを大技で行うなど、剣太君の段位からは考えられないようなミスを連発した。また、手加減をする余裕も失っていたのであろう。元立ちをしていた女子部員が頭を押さえるほどの強い力で打ち込んだ。この打ち込みを見た顧問は、「面打ちが大技になった」として、不合格とした。

不合格を言い渡された剣太君は、再度打ち込み開始場所に戻ったものの、もはや気力と体力は限界にきており、「もう無理です」と顧問に告げたのである。部員たちは、耳を疑った。顧問が「やれ」と言えば、とにかくやらなければ何をされるか分からないのだ。それを十分に分かっているはずの剣太君が弱音を吐くのは、よほどのことである。

しかし顧問は、剣太君のこの必死の哀願に、即座に「何言いよんのか。お前はキャプテンだろうが、お前の目標は何だ」と問い返した。剣太君は「大分県制覇です」と返し、何を言っても無駄だと悟ったのであろう、「俺ならできる」と、自分を鼓舞するようにつぶやいた。こうして剣太君一人をいじめ抜くことだけを目的とした練習は、当たり前のように再開された。

元立ちが女子部員から2年生の男子部員に交代した。そして、打ち込みを促すために元立ちが先に発声したが、剣太君は発声を返さなかった。元立ちの生徒は、これではまた顧問から不合格と言われてしまうであろうと心配し、発声を促すために、剣太君の竹刀を軽く払った。

すると、剣太君の持つ竹刀は、軽く払われただけで、ぽろりと床に落ちたのである。元立ちは驚いて剣太君の顔を見たが、剣太君は動こうとしない。それどころか、剣太君は竹刀が落ちたことにすら気づいていないように、そのまま竹刀を構える仕草を続けている。他の部員たちが、剣太君に竹刀を落としたことを必死で伝えるが、剣太君はなおも竹刀を握る仕草を続けている。

顧問は、剣太君のこのような異常な様子を見るや、怒りで顔を歪ませながら剣太君の方に近づき、「元立ちが声を出しているのに、なぜお前が声を出さない！」と怒鳴りながら、歩いてきた勢いのまま、剣太君の右横腹あたりを前蹴りした。その衝撃に剣太君の身体は「く」の字に曲がり、その勢いで2、3歩下がり、こらえきれずに倒れこんでしまったのである。

**「演技じゃろうが！」**

倒れたまま起きようとしない剣太君の様子を見かね、他の部員がコップに水をくんできて、剣太君の面の上から水を掛けた。すると、突如剣太君は起き上がり、その場で面をはぎ取るように外し、次いで胴の後ろに手を回して胴を外そうとしていた。顧問は「何をしてるんだ！」と怒鳴りつけたが、剣太君は「本能です！」と怒鳴り返した。この鬼気迫る様子に、部員たちはたじろいだ。恐らく剣太君は、自分の身体が、臓器が異常な熱を持っていて、このままでは死んでしまうということに気づき、生存本能によって熱から逃れようとしたのではなかったろうか。

しかし、意識障害によってうまく手が動かせなかったため、剣太君は胴をなかなか外すことができなかった。すると今度は、やおら自らの太腿付近を両手で叩きはじめた。脱水に伴う電解質の異常によって、太腿付近の筋肉にかなりの痛みを伴う痙攣が起きていたのだと想像できる。

そして剣太君は太腿を叩くのをやめ、フラフラと立ち上がり、足元の覚束ない様子で歩きはじめた。目の前には壁が迫っていたが、剣太君にはそれがまったく見えていない様子で歩き続けたため、壁に額を思いきりぶつけ、額をずるずると壁に押しつけながら崩れ落ちた。倒れ込んだ剣太君の額からは、鮮血が流れていた。

しかし顧問は、怒気を含んだ恐ろしい形相で剣太君の方に荒々しく歩み寄り、剣太君の上に馬乗りにまたがった。副顧問が思わず駆け寄ってきたが、顧問は「先生、これは演技じゃけん、心配せんでいい」「これが熱中症の症状じゃないことを俺は知っている」と吐き捨て、剣太君を見下ろしながら「演技じゃろうが！」と怒鳴り、腕を肩の高さに振り上げ、力任せに、剣太君の顔に往復ビンタを10回ほどぶち込んだのである。

この壮絶な光景を目にし、部員たちはただ固まっていた。風音君も、なすすべもなく見守るしかなかった。後に風音君は、「あの時、顧問を殺してでも止めるべきだった。タイムマシンがあれば、あの時の顧問を絶対に殴り倒しにいく」と語った。

もはや剣太君は、顧問になされるがままの状態であり、顧問の平手で打たれて右に左にと顔が動くたびに、額の傷から血が四方に飛び散った。そして顧問は、それでもなお無反応な状態の剣太君を見て、ようやく異常に気づいたのである。慌てて、部員たちに命じて水と保冷剤を持ってこさせ、剣太君の額や頸部、脇の下、腿の付け根などにあてがい、扇風機の風を当てたりした。いうまでもなく、重度の熱中症を発症している以上、このような姑息的な応急処置は何らの意味もなさない。

水を飲まされた剣太君は、嘔吐して飲むことができなかった。ついに顧問は、「お前もう無理なんか」「救急車呼ぶんか」などと剣太君に呼びかけ、ようやく救急車を要請しようとしたのが11時55分頃。約5分後に救急車が到着し、剣太君は病院に搬送されたのである。遅きに失したというほかない。

## 病院へ

父、英士さんはその日仕事が休みで、自家用車で携帯電話ショップに出かけていた。ショップを出た直後、携帯電話が鳴った。顧問からであった。

「練習中に剣太君が倒れ、いま病院に搬送されています。でも、今日はそんなにきつい練習はしていません」

英士さんは驚き、どの病院か訊ねたが、まだ搬送先が決まっていないため、折り返すという。英士さんがいた場所の近くに大きな救急病院があるため、そこに運ばれてくるだろうと考え、そこの駐車場で待つことにした。しばらくすると顧問から電話があり、少し離れた別の病院の名前が告げられた。そこで、先に高校に寄り、風音君を乗せてからその病院に向かうことにした。

また、昨年もこの時期、剣太君が部活動中に熱中症になっていたことから、英士さんは漠然と「今回も熱中症であろう」と考えていた。それだけ、朝からひときわ暑い日だったからだ。そこで奈美さんに電話し、剣太君が部活中に病院に運ばれたことを告げた上で、「もしかしてそのまま入院になるかもしれないから、その場合には着替えとか、色々準備しなきゃならない」として、家で待機しているように頼んだ。

高校に着いた時、風音君は玄関先で待っていた。英士さんは早く車に乗るよう促したが、風音君の動きはなぜか緩慢だった。急ぐよう再度促すと、「足がつって歩けない」という。彼もまた、熱中症の症状を呈していたのだ。また、風音君は、30度を超える外気温の中待っていたのに、寒くて仕方がないという。脱水症になると、自律神経系の失調をきたすため、身体に熱がこもりつつも寒気を感じるという症状が起こってくるのである。この時風音君も、かなり重症であったのだ。

なんとか風音君を車に乗せ、英士さんは剣太君の搬送されたという病院に急いだ。病院の受付に着くと処置室で処置を受けていると告げられ、処置室を探していくと、そこに顧問と副顧問が待っていた。顧問はここでも、「今日はそんなにきつい練習はしていません」と言った。英士さんは違和感を覚えるよりも、とにかく剣太君のことが心配で、話もそこそこに処置室に入っていった。そこには、恐ろしい光景が待っていた。

剣太君は、処置台の上で暴れていた。

剣太君の目の焦点は合っておらず、どこを見ているかも分からない。英士さんが近づいても、まったく気づかず、激しく身体を動かし続け、時折「ウオー」という大きな声を上げながら起き上がる。静止しようとしている看護師から「お父さんも一緒に押さえていてください」と言われ、訳も分からず肩を押さえ続けた。剣太君の身体は暴れながらも、ガタガタと震えていた。その震えを、そのまま看護師は「寒がっている」と受け止め、本来であれば急激に冷やす必要のある剣太君の身体を、電気毛布で温めようとしていた。

## 医療ミス

家で落ち着きなく、英士さんの連絡を待っていた奈美さんだったが、1時間経っても連絡がないため、いてもたってもいられず、病院に電話をした。病院の受付の人が、「処置室の方に回します」と告げ、処置室に電話がつながったとたん、剣太君の「ウオー」という叫び声が耳に入ってきた。驚いていると、風音君が電話口に出て、「今、お父さん手離せん。剣太を押さえている」と言った。奈美さんはただごとではないと直感し、即座に病院に向かうことにした。

奈美さんが病院に到着した時にも剣太君はまだ暴れていたが、鎮静剤を2本ほど打たれると、ようやく少しおとなしくなった。容態をきく奈美さんに、看護師は「点滴が入ったので、このあと普通になりますから、一般病棟の方に移します」と答えた。どう見ても、奈美さんの目には、剣太君がこのまま何事もなかったかのように回復できるとは思えなかった。奈美さんの目からは涙があふれ、剣太君の名前を呼び続けたが、何の反応もしてくれない。剣太君が繋がれた機械からは、剣太君のバイタルが安定していないことを示す、不規則な音が鳴り響いていたのだが、医師は「他にも患者はいるので」と、剣太君を残して処置室を出ていってしまった。この時点で、重度熱中症患者に行うべき医療措置は一切行われず、ただ「発熱性の疾患の患者に対して行う基本的な処置」がずさんに行われたに過ぎなかった。明らかな、医療ミスである。

そして、心配する家族を尻目に、剣太君はさっさと一般病棟に移された。どう見ても、予断を許さない重篤な状態であるはずなのに、医師も看護師もついていてくれない。奈美さんは、不安で不安で、剣太君の手を握って泣き続けるしかなかった。

それから数時間が経過した頃、明らかに剣太君の容態が悪化した。機械からは、異常を知らせるブザーが鳴り響く。様子を見にきた看護師が顔色を変え、急いで呼んだ別の医師が、剣太君の容態を見て「これはまずい。ここでは診れない」と、即座にさじを投げた。急遽、救急車で別の大きな病院に移すことになり、救急車に奈美さんが付き添うことになった。あまりにも動揺してパニック状態であったため、車の運転ができる状態ではなかったのだ。病院を出て、30、40分走ったところで、救急車内で剣太君の容態が急変した。様々な処置が慌ただしく行われ、心肺蘇生術が開始される。悪夢のような光景を目の当たりにしたためであろう、この時の奈美さんの記憶はすっぽりと抜け落ちている。

そして剣太君は、その日の午後6時50分、熱中症による多臓器不全によって、わずか17年間の生涯に幕を下ろすことになった。

## 司法解剖

剣太君のように、明らかな持病もなく、特に日頃から病院にもかかっていない者が、急激な転機をとって死亡したような場合、医師は『異状死』として警察に届け出をする必要がある。異状死とは具体的には、全ての外因死（災害死）とその後遺症、続発症、自殺、他殺、死因不明、内因か外因か不明な場合などの、一切が含まれる。そのため、剣太君は警察医による検視を受けることになったのである。そして検視が行われたのが死亡した日の午後10時08分、死亡宣告より3時間と18分が経過していたが、剣太君の直腸温はその時点で40・5度もあった。

法医学的には、死体の直腸温は1時間に1℃ずつ下がるといわれている。遺体がエアコンのよく効いた病院の病室や霊安室に安置された状態であったことを考えると、死亡時の剣太君の直腸温は43℃を超えていたと考えても不思議ではない。また、直腸温が41℃を超える状態が維持されると、体内のタンパクの熱変性が起こってくる。

私は工藤家の方々から、弁護士を通じて司法解剖鑑定書の提供を受けた。その内容について、ここで詳しく書くことは控えたいと思うが、とにかく「ひどい」の一言であった。熱に弱い臓器である脳や肝臓、腎臓などは、いわば熱によって『煮えた』状態になり、熱変性がかなり進行していた。加えて、死後17時間ほどしか経過していない司法解剖の時点で、各臓器はかなり腐敗が進行していた。生きながら煮えた臓器が、さらに死後も続いた高熱によって、どんどん傷み続けたのである。また、剣太君の解剖時、皮膚表面には『腐敗網』という死後変化が多く認められた。こうした変化は、通常であれば死後2～3日経過して血液が腐敗溶解することによって、皮膚表面で静脈に沿った変色として現れるものである。

身長180センチと大柄で、がっしりとしたスポーツマンらしい立派な体躯をしていた剣太君は、救急救命士になるのが夢であった。生きていれば、多くの人の命を救うはずの若者だった。いつも元気いっぱいで目はきらきらと輝き、可能性に満ちあふれていた人生だった。しかし、「行ってきます」と元気に家を出てからわずか1日ほど、司法解剖を終えてようやく家に戻ってきた剣太君の顔は赤黒く変色しており、身体からは、腐敗臭がしているのである。

この時のご家族の心情を考えると、胸がかきむしられる思いになる。

## 通夜、告別式

通夜の夜、顧問と副顧問が揃ってやってきて、遺族の前に座った。風音君は拳を振り上げ、泣きながら「お前は剣太の防具のないところばかり狙って打ちよったじゃねーか！　お前が剣太を殺したんや！」と叫び、今にも顧問に殴りかかろうとしていた。親戚の男性二人が、何とか風音君の身体を押さえつけ、制止する。風音君の言葉を受け、たまらず奈美さんが「ふらつく剣太を蹴ったり殴ったりしたんでしょ！　なぜ！」と顧問に詰め寄った。

「気つけのためにやりました」あとは、その言葉を繰り返すだけ。今度は親戚が副顧問に対し、「なぜ止めなかった！」と怒鳴ると、副顧問は「止めきれませんでした！」と叫んだ。

到底、納得できる答えではない。

翌日の告別式では、奈美さんは事態を正確に理解することができない状態で、久しぶりに会う親戚や友人の姿を見つけると、「久しぶり！　元気じゃった?!」などと笑顔で迎え、相手を困惑させた。本当に悲しい時、人間は悲しむことすらできない。茫然自失となり、一時的に感情が鈍く麻痺したような状態が起こり、場にそぐわないような振る舞いをしてしまう。どう感情をコントロールしてよいか、脳が、心がついていけないのだ。同様の経験を、多くの学校事故遺族の方が語ってくれている。

夜には、憔悴しきった表情で座る奈美さんに、親戚は「悔いが残るんやったら弁護士に相談してみたらどうな？」と、提案してくれた。しかし、その時にはまだ裁判などを考えられる余裕はなかった。

## 保護者会

剣太君が亡くなって3日後、工藤さんは剣道部の保護者から「明日26日の午後7時半から、保護者会があるらしい」という話を聞きつけた。工藤家には、何も知らされていない。奈美さんは、すぐに学校に電話し、「何でうちには何の連絡もないんですか！」と問いただした。校長は苦し紛れに、「言おうと思っていました」と答えた。明らかに学校は、工藤家抜きでの説明会を行おうとしていたのである。

翌26日の午後1時頃には、県教委から2名、校長、教頭、PTA役員など、総勢8名が、事故の報告書と称する文書を持って工藤家を訪ねてきた。工藤さん夫妻は、その文書に目を通した。そこには顧問だけに聴き取りをし、当日、どのような練習をし、どのように剣太君の様子がおかしくなり、どういう処置を行ったのか、そして、救急車要請、容体急変、死亡確認……という、時系列に並べた事実がごく簡単に書かれていたのみで、あとは在校生の心のケアについて多くのページが割かれていた。風音君が証言している顧問の暴行などの事実は一切記載されていない。そこで、奈美さんは風音君を呼び、その文書を読ませた。

「誰がこんなこと言ったんですか！　事実と違うじゃないですか」と、風音君は怒りをあらわにした。

英士さんは「今日の保護者説明会は取りやめて下さい。保護者をわざわざ呼んでこの説明ですか」と言ったが、学校側は「この報告書を書き換えるわけにはいきません。今日はこれで説明します」と言い張り、「やめてくれ」「いえ、やります」の押し問答が続けられた。この時学校が何を守ろうとし、何を切り捨てようとしているかは、明らかであった。

結局奈美さんが、「じゃあ、やればいい。その代わり私たちがあとから行ってひっくり返すけん、覚えちょけ」と言うと、彼らは挨拶もそこそこに、逃げるように帰って行った。

その夜の保護者会は、奈美さんの予告通り、工藤家からの発言によって紛糾した。保護者たちの誰もが、学校側の説明に納得することができなかった。この時点で、工藤家と学校側との対立は決定的となった。

## 懲戒処分が軽すぎる！

保護者会の翌日、剣太君が亡くなって5日目に、「剣太の身に何が起きたのか」をどうしても知りたかった両親は、剣道部員とその保護者たちの協力で証言を取りはじめた。まだ息子が死んだことも実感として感じられない中、部員たちが口々にわが子が受けた仕打ちを語るのを耳にすることで、両親は打ちのめされた。奈美さんは家で、「死んでしまいたい、剣太のもとに行きたい……」と、何度も口にした。剣道を長くやっていた英士さんからしても、正しい道であるはずの剣道を教える顧問の仕打ちに、かなりの衝撃を受けていた。信じがたかった。剣道をやらせたのが間違っていたのではないかと、自分を責める日もあった。

剣道部員たちが受けた心の傷も、深かった。ほとんどの部員は、竹刀を握ることができなくなっていた。信頼する主将である剣太君に対して、いかに顧問が恐ろしかったとはいえ、「合格」と言ってあげることができなかった、助けることができなかったと、それぞれが自分を責め、苦しんでいた。

英士さんと奈美さんは「これだけの事実が明らかになれば、大分県が顧問、副顧問に厳しい処分を下すだろう」と考え、処分を決定する教育委員会のメンバー一人ひとりに「どうか息子を死に追いやった剣道部顧問を懲戒免職にしてください！」と、手紙を書いた。

しかし、出された処分は、顧問が停職6カ月、副顧問は停職2カ月。

「剣太の命を何だと思っているのか!! また何ごとも無かったように、知らん顔をして、子どもたちの前に二人は立つ気なのか!! 学校は命の大切さ、尊さをいちばんに教える所なのに、その学校で一人の人間が命を落とし、その原因となった顧問、副顧問の処分がこのように軽いものなのか!!」

家族の皆が、この軽い処分に怒り狂った。そして、裁判という方法で徹底的に戦い抜くことを決意したのである。

## 戦いは終わらない

その壮絶な裁判の状況は、冒頭で触れた通りである。なお、この原稿を書くにあたり、奈美さんにメールで連絡すると、こんな返信が返ってきた。

「先生にご報告。今月21日（２０１９年８月）で刑事の方の時効がきます」

本件の刑事手続としては、顧問と副顧問は『業務上過失致死』の罪状で出された告訴に対し、大分地検が２０１２年12月に不起訴処分としたため、奈美さんたちは翌２０１３年1月に検察審査会に申し立てを行った。そして検察審査会で同年7月に不起訴不当の決議が出されるも、検察は２０１５年1月に再度不起訴を決定した。すると奈美さんたちは高等検察庁に不服申し立てを行い、２０１８年2月に棄却。２０１８年3月に最高検察庁に不服申し立てし、棄却。２０１９年5月に、再度最高検察庁に不服申し立てを行うも、受理されなかった。かくして、刑事の途は閉ざされてしまった。

かに、思えたのであったが——

「時効の1日前、20日に刑法２１８条、２１９条『保護責任者等遺棄致死罪』にて刑事告訴します！　助けられた命でした。受理されれば時効が10年延びます！　最後の最後の最後の1日まで諦めなかった親がいる！　と、それだけでも世間に遺したい。みんなまだやれることあるよって、どんな無様な姿でも見せたいと思っています。剣太の事件で、道を拓きたいのです！」

驚いた。いや、剣太君のご両親なのだから、ある意味当然だろうと思い直した。最愛の息子の死から10年が経つ今も、決して諦めずに戦い続けている親がいる。

私は、奈美さんがかつて言っていた言葉を思い出していた。

「わが子の葬儀を出すほどの地獄はありません。ですから私たちはすべての子どもを守りたいのです」

## 《日体大生へのメッセージ》――工藤奈美さん

息子の事件があり、多くの裁判を闘ってくる中で私たちにできること！　として、これから教育の現場に携わったり、スポーツ界で活躍するであろう学生さんにきちんとお話しを聴いてもらい、最悪の事例から学び、今後に活かすことが今の現場には必要ではないかと考えていた矢先に、学校事故の会で、南部さおり先生から「生徒の前で話してほしいのですが、『話してもいい』と思われる方は私のところまで来てもらえませんか？」というお声掛けがありました。私は何の躊躇もなく「やります!!」と手をあげて先生の前に立ったと記憶しています。それも、これからスポーツ界を担っていくことは間違いない日体大で!!　ということで、武者震いしました。

私たちがやらなければならない！　と考えていた活動にドンピシャだったのです。

はじめて、皆さんの前でお話しをしたとき、静かに真剣な眼差しで私たちの話しに聴き入ってくれて、男女問わず多くの学生さんは涙を流して聴いてくれました。

それから、毎年、日体大でお話をさせていただいております。

日体大の皆さん、皆さんは鍛えることは得意だと思いますが、どうか、自分の心と体を労りながら、これからのスポーツ界と、スポーツを愛する子どもたちのことを頼みますね。

スポーツが大好きだけど、ずば抜けて上手ではない子もたくさんいます。

そんな子にも目を向けてあげてください。

指導の中に『愛情』があれば息子のような悲劇は起こらないのです。

こうして日体大に足を運ばせてもらうことが増え、私たち家族は日体大で頑張る皆さんが愛おしく、『日本体育大学』が参加するものは無条件に応援しています。

これからのご活躍を大いに期待しております。頑張れ！　日体大生!!!

南部さおり先生との出会い、そして日体大でお話しをさせて頂くことに感謝致します。

## 《日体大生たちの感想》

・何のための教育なのか、何のために部活をしているのかを考え、今教えている生徒、これから出会う生徒に愛情をもって接したいと思います。

・顧問の考えや行動の意味が分からなすぎる。自分の教え子にここまでイジメをして、そこまで痛めつけて何になるのか。お互いに何も得られないと分からないのだろうか。高校生の何倍も生きてきてそこが分からないのはおかしい。生徒は教員の駒ではない。教師ならば、生徒の能力を最大限引き出して、信頼関係を築き、何でも話せて互いを尊重し合える関係になるべきだ。

・私も体罰をするような指導者は、指導力がないと考えている。私の恩師は、一度も体罰をしなかったが、私たちは恩師を尊敬し、ついていくことができた。そんな指導者になりたい。

・「自分の思いのままに動かす」。この考えが、生徒の人生を奪う。なぜこのようなことが起きてしまうのだろうかと思います。このような指導者は指導者ではありません。暴君です。体罰は減らすのではない。絶対になくさなければならないことです。私は決してそのような教師にはなりません。そのような教師も許しません。

・聴く前とあとで考え方、思うことが180度変わりました。これからもこのようなお話を続けていってください。本当にありがとうございました。ここには書き切れないくらいの思いでいっぱいです。

・強くなりたいという生徒に対して、可能性を引き出してあげるべき人間が殺人犯に変わるのは、一瞬である。決して、無縁な話ではない。むしろ、身近である。心の片隅ではなく、真ん中において過ごしていきたい。

・キャプテンを徹底的に懲らしめるという指導はあり得ないし、理解のできないことだと思った。指導力がない以前に教師をする資格がないと思った。自分のために部活があるのではなく、生徒たちのためにあるということを間違えないようにやっていきたいと思う。

・教員になった時に頭に入れておかなければならない重要なことを聴くことができた。自分の身近で体罰などが起きていた時、自分が止められるような人間になりたい。また、絶対に自分はしない。

・このような事件がありながらも立ち上がり、僕らの前でメッセージを伝えてくださる。こんな貴重な時間は無いと思いました。指導者をめざす身として、この4年間を絶対無駄にしてはいけないと思いました。また、人としての生き方も考え直すきっかけになりました。

・部活動での重大事故をなくすべきだという思いが強くなりました。また、熱中症についての知識がまだまだ浅いということに気づいたため、勉強会への参加意欲が高まりました。

・同じ剣道をしていて、正直とても悔しい気持ちになりました。風音さんの気持ちを考えると、私も兄弟がいますが、一緒にいられる日々を大切にしなければならないと感じます。今こうやって毎日生きていることが当たり前では無いと思います。自分が将来、教員になる時には、このようなことが絶対に起こらないようにします。そしてこれからも、一生懸命生きていこうと思いました。

・剣太さんがどれだけ苦しく、痛い思いをしたのか、聞いているだけで心がとても痛かった。剣太さんの痛みは決して忘れてはならないと思った。自分がこの痛みを代わってあげられるものではないが、同じ被害者を出さないことはできる。自分は自分ができることを精一杯しなければならないと感じた。

case file 4

# 宮脇健斗《みやわきけんと》君

## 灼熱の中、ラグビー部の顧問からの執拗な「罰走」により「体温43度」で死亡した

「もし　ぼくが　星だったら　ほかの星よりも　格段に　かがやいて
銀河一　めだって　あらゆる人から　注目されたい。
そして　いつか　まっ暗な宇宙を　ぼくの光で　照らし続けて　宇宙を　明るくしたい」

「星」というタイトルで、小学校6年生の宮脇健斗君が書いた詩。この詩から想像できるように、健斗君は底抜けに明るく、笑顔が抜群にかわいい子で、自然と周りを元気にしてくれる子であった。宮脇家に最初にできた長男で、父である勝哉《かつや》さんと母の啓子《けいこ》さんは、本当に『宝物』として大切に大切に慈しんだ。健斗君は生まれた時からピカピカと光り輝いていて、ともに学校教員をしていた父母がどんなに疲れて仕事から帰ってきても、その疲れを一瞬で癒やしてくれるようなパワーを持っていた。

健斗君が4歳半の時に次男が生まれ、さらにその翌年には三男が生まれたが、健斗君は弟たちにとって圧倒的な存在で、弟たちはこの兄に頼り、ついていけば間違いがなかった。宮脇家の三兄弟は

元気いっぱいで、家の中にはいつも賑やかな笑い声がこだましていた。家族五人で旅行もよく行った。特に体を動かすことが大好きな兄弟たちは、冬はスキー、夏は海にと、大はしゃぎで楽しんだ。

## ラグビーとの出合い

健斗君がラグビーを始めたのは、小学校3年生の時だった。勝哉さんが勤務していた兵庫県川西市の学校の養護教諭の息子さんが地元、川西ラグビースクールのメンバーで、「メンバーが足らんのよ。健斗君ラグビーやってみいひん?」と声をかけてきてくれたことがきっかけとなった。その当時、健斗君はぽっちゃりとした体形をしていたため、両親は「減量になるかな? もしかしたら体重を活かせるかも?」などと考えた。また、当時のラグビースクールは月2回の練習を日曜日に行っており、その会場の一つが勝哉さんの出身高校のグラウンドであった。勝哉さん自身も高校2年生の時、体育の授業でラグビーをやったことがある。冬のグランドで楕円球を追いかけ、どろんこになった楽しい記憶がよみがえり、「息子にもそんな体験をさせたい」との気持ちにもなった。

勝哉さんは「体験だけ」ということで思い出のグラウンドに健斗君を連れていったが、その時には勝手に入会を決めていた。後に健斗君は「体験だけちゃうかったん?」などと勝哉さんに言ったこともあったが、父の思惑通り、ほどなくラグビー大好き少年になっていった。

小学校5年生の夏には、オーストラリアのシドニー近辺へラグビーの国際交流に行くことになった。健斗君は10日間のホームステイの間に海外の少年たちとの交流試合を満喫し、歓迎のウェルカムパーティでは現地の人たちと一緒にステージに上がって、見よう見まねで陽気にアボリジニダンスを踊っていた。健斗君の明るいキャラクターは、言葉も国境も超えて発揮された。

小学校6年生の時、公式戦で一勝もあげることのできなかった弱小チームが、奇跡を起こした。「ここで勝てばベスト8」というゲームで勝利を収め、健斗君はチームメイトとともに泣いた。さらにベスト4決定戦では、健斗君はゲームの後半あたりから果敢にボールを追いかけ、ボールを持って前進しながらも、感極まって泣いていた。僅差で勝利を収め、県3位が決定した瞬間にはヘッドキャップを取り、ガッツポーズをしながらも泣きじゃくっていた。

## 川西中学ラグビー部

健斗君は、地元の川西市立川西中学校に入学した。そこで当然のように、ラグビー部に所属することとした。勝哉さんが当時勤務していた学校には、健斗君にスクールを紹介してくれた養護教諭のほかに、もう一人スクールの保護者が教員として勤務していた。その教員の夫が、川西中学の顧問だった。勝哉さんは、同じ川西市の教員仲間として、安心して健斗君を預けられると信じていた。

川西中学のラグビー部は、生徒たちの間では「練習がきつい」として知られていた。顧問は、80年代に流行したスポ根ドラマである『スクールウォーズ』をこの中学で再現しようとしているような教師で、学校生活でドロップアウトしそうな生徒をラグビー部に入れ、ラグビーを通じて更生させようという『熱血指導』を好んでいた。

健斗君は日頃から家で「ラグビー部の練習がキツイ」と話しており、しばしば筋肉痛の足を父の勝哉さんに揉んでもらった。「この足の痛いのが、充実感や。達成感や」と、練習は辛くても相変わらずラグビーは楽しいようで、勝哉さんはこれから健斗君が逞しいラグビー少年に育ってくれるものと頼もしく思っていた。

しかし、健斗君は勝哉さんにこうも言ったことがある。「僕が、練習の途中でしんどくなって、休みたいというふうに言っても、先生は休ませてはくれない」と。

また朝練がはじまる頃になると、これまで朝食をしっかりと摂っていた健斗君が「朝練が厳しくて、食べていくと吐いてしまうから」と、朝食を食べたがらなくなっていた。そのことを心配して、啓子さんは顧問に相談に行ったこともある。その時顧問は、「僕も一緒に走っているけれども、朝食は摂りません。食べたら吐きますよ。他の子も食べていない子が多い」と、こともなげに言った。

後に分かったことであったが、この顧問は全体主義的な練習の中でしばしば感情に任せた指導をしており、機嫌が悪い時には何度も部員たちにペナルティを課し、とことん追い込んで憂さを晴らしているようなこともあった。練習中は自由に水を飲むことも許されず、顧問の許可があって初めてそれが許された。しかし、大多数の保護者たちはこうした指導を「熱心に指導してくださっている」、「部員の魂に火をつける」、「健全な精神を身につけられる」などと好意的に見ていた。

勝哉さんと啓子さんは、健斗君が好きなラグビーを思い切り、のびのびとやらせてもらえる環境のみを望んでいたのであって、根性論的な指導方法など、一切望んでいなかった。それは当然、健斗君も同じだったに違いない。

## 事故当日

1999年7月27日午前6時半から、ラグビー部の朝練が開始された。顧問が出席確認を行い、直ちにランニングパス（ランパス）10往復の練習から入った。顧問は、部員たちのランパスの様子を見ていたが、4日ぶりの練習だということもあり、チーム全体が盛り上がりに欠けていると感じたことから、ランパスの途中でペナルティとして、60～70メートルの距離を一往復するキックダッシュ（指導者が蹴り出したハイパントまたはロングキックを4～5人のチームが全力で走りながら誰かがキャッチし、その後チームメンバーでパスを回しながらゴールラインまで走りきる練習）を全体に命じ、さらにアゲインを命じ、その後、ランパスの練習に戻った。

ランパス後ジョグをしながら円陣体操をするためにグラウンド中央に集合した際、顧問には部員たちの動作が全体にだらけていると感じられ、かつその時に尻餅をついた健斗君がおどけたように見えたため、顧問は全体に2回目のキックダッシュを命じた。部員たちの口からは「えーっ」という抗議の声が漏れそうになったが、かろうじて飲みこんだ。顧問が聞きつけたら、さらにペナルティが追加されるに違いない。だから、黙々とキックダッシュをこなすしかなかった。

この時、午前7時を少し回っていた。すでに太陽は高く上り、グラウンドの気温はぐんぐんと上昇してきていた。

二度目のキックダッシュを終え、円陣を組んでの体操を行い、間髪入れずにヘッドダッシュタイムトライアル（ボールの受け手が一列に並び、出し手に寄りながらトップスピードでボールをもらい、そのまま走り抜ける練習。とにかく全員が最初から最後まで全力で走り抜けることが要求される）が開始された。健斗君は3人組のヘッドダッシュタイムトライアルで、ボールを受けようとして尻餅をつき、さらに次の5人組でも、ボールを持つ走者を追わずにゴールへまっすぐ走るなど、明らかにおかしな動きをしていた。恐らく、再度のキックダッシュを挟んでの過酷な練習と暑さ、直射日光によって、健斗君の身体は本格的に悲鳴を上げはじめたのであろう。しかし顧問はこのような健斗君の様子を見て、「中途半端で無責任なプレイだ」と考え、全体に3回目のキックダッシュを命じた。

健斗君は、3回目のキックダッシュ1本目をかなり遅れがちとなりながら、歩くよりも少し早いくらいのスピードで走っていた。そのため「遅い」として、さらにアゲインが命じられた。健斗君は、自分のせいで先輩や友達が何度も走らされるということに、とても申し訳ない、居心地の悪い思いを抱いたであろう。しかし、その頃にはそんなことを考える余裕すら奪われはじめていた。

健斗君はその往路のスタート時点で、他の部員に「筋肉の痛みで走れない」などと話し、ボールを蹴り損ねてよろけてスタートした。熱中症の典型的な症状である『こむら返り』を起こしていたものと考えられる。こむら返りの痛みは、しばしば肉離れと間違われるほど激しいものだ。当然、この状態で走ることはできまい。水分が不足し、筋肉を安定させている電解質が不足することによって筋肉は十分な代謝を行うことができなくなるため、筋肉に異常な収縮が起きる。それが『こむら返り』である。

そんな状態にあっても、健斗君は頑張り抜こうとした。痛みをこらえながら何とか走ろうとするが、上手く前に進むことができない。健斗君は数人の部員に押されたり、ジャージの肩を引っ張られたりしながら、やはり歩くより少し早い程度のスピードが精いっぱいであった。そして足に力が込められなかったのだろう。途中で前にずるっと倒れ、だが何とか立ち上がると、懸命に走り続けた。

健斗君自身、この頃にはさすがに限界だと感じたのであろう。グラウンド真ん中にいた顧問の近くに通りかかった際、少し足を上げて足先を指さし「先生！　足がイタ……」と訴えかけた。

「甘えるな。演技してもあかん」

顧問はこの必死の訴えを、ぴしゃりとはねつけた。そのため、健斗君は再度走り出さざるを得なかった。健斗君は、他の部員に背中を押されてようやく走っているような状態となり、他の部員の配慮で最後だけやっと一人でゴールした。ゴール直後、部員たちが「大丈夫か」などと声を掛けていたが、よろけて前向きに膝をつき尻餅をついて横に倒れた。この時点で、7時30分頃であった。

このような健斗君の様子を見とがめた顧問が、さらにペナルティを課したとしたら――部員たちはそれを恐れたため、健斗君の胸ぐらをつかんで引き起こそうとした。しかし健斗君が「はなせや！」などと、普段は決して言わないような乱暴な言葉遣いをしたため、部員がひるんで手を離した。すると健斗君は、そのままもったく力の入っていない状態で後ろに倒れてしまった。

顧問は、部員の「起きようとしません」などの声を聞きつけ、倒れた状態の健斗君に近づき、やはり胸ぐらをつかんで引き起こそうとした。しかし健斗君は「いやや！」と叫び、力がまったく入っていない様子で起きられない状態であった。この時の健斗君の拒絶の言葉は、前節の工藤剣太君と同様、「これ以上続けると死んでしまう」という生存本能から発せられたものだったのではないだろうか。しかし顧問は、健斗君のこのような極限状態を思いやることなど一切なく、「ほっとけ」と言い捨て、他の部員にアゲインの残りの続行を命じた。

そして顧問は、見学者に命じて、健斗君を次の練習場所まで運ばせた。この時点で健斗君は、目を見開いたまま「アー、アー」という声を出して横たわる状態であった。そのような状態の健斗君を見てもなお、顧問はそのまま炎天下の見学者の足下に健斗君をもたれさせておいて、さっさと次の練習に入ったのである。

この時の健斗君の様子について、部員たちは後に、「目が上を向いていて、呼吸もちょっと変だった」「目がうつろで変だと思った」「目は開いたままで、ボーっとして、声を出して荒い息をしていた」「白目だった」などと証言している。部員らの目には明らかに異常であると映る健斗君の様子が、信じがたいことに、この顧問からすれば「サボりたいための演技」にしか映っていなかったのだ。

見学者の中にいた陸上部の女子部員は、健斗君のこの様子を見てさすがにまずいと思い、「みてください」と顧問に哀願した。それでも顧問は「演技している」と吐き捨て、健斗君を一顧だにしなかった。

そして、ようやく午前8時頃に休憩が取られ、顧問は思い出したように健斗君のところにやってきた。そこで冷茶を飲ませようと健斗君の口元にコップを持っていったのであるが、健斗君はもはや飲める状態ではなく、すべて口からこぼれてしまった。この時点で、ようやく顧問は健斗君がおかしな息づかいをしていて様子が変だと思い、「意識を確認するために」右、左、右と頬をビンタした。頬を叩かれた健斗君はどろんとした目がゆっくりと動く程度の反応しか示さなかった。

この様子を見ていた見学者たちが、口々に「身体を冷やした方がいいのでは」と言い出した。顧問ははっとして、彼らに健斗君を水場まで連れていくことを許可した。見学者たちは健斗君を水飲み場まで運んで仰向けに寝かせ、上半身を裸にしてコーンで水をかけた。この子たちの目には、健斗君の状態がのっぴきならないものであることが分かっていたのだ。健斗君の名前を叫びながら、何度も何度も水をかけ続けた。

8時40分頃、見学者が顧問に「水をかけても何も変わりません」と言いにいき、顧問は「もうちょっとやってみろ」と言いながら水場に来た。そして、びくともしない状態の健斗君を引き起こして背後から肩をつかみ、うろ覚えの知識で柔道の「喝」をやってみた。この顧問は、こんな状態の健斗君に〝気つけ〟をすれば、即元気に立ち上がるとでも思っていたのだろうか。この程度の知識の人間が運動部の、しかも怪我の多いラグビー部の顧問を務めていたのだと考えると、暗澹たる気持ちになる。

この段階で救急車を要請したとしても遅すぎるほどであるが、なおも顧問は「そのままにしておけば落ち着くだろう」と考えて、健斗君を水場の石垣にもたれさせるよう見学者に指示し、練習に戻ったのである。この時点で、健斗君に対する一切の責任を放棄しようとしたようにしか見えない。

しかし、しばらくして顧問は何か気になって練習終了を指示し、水場に戻って健斗君を保健室に搬送するよう部員に指示した。ここにきても他人任せである。

顧問の指示を受け、部員たちは健斗君の手足を持って、保健室まで運んでいった。その姿を見送りながら、徐々に顧問はことの重大性を理解してきた。慌てて他の教員に応援を要請し、駆けつけた教員が健斗君の状態を調べると、瞳孔が開いており意識がない状態であった。この教員は迷うことなく、即座に救急車を要請した。この時点で、時刻は9時になろうとしていた。実に健斗君は、異常が出現してから1時間半以上、炎天下のグラウンドで顧問によって放置され続けたことになる。

救急車は9時19分に病院に到着したが、健斗君があまりに重篤な状態であり、対応できないと判断され、10時08分に救急車で救急救命センターに転送されることとなり、より高度な医療を施すことのできる救急車に乗り換えたうえで、10時27分に同センターに到着した。

## 地獄への一報

その日、勝哉さんは健斗君を部活に送り出したあと、鼻歌交じりに部屋の掃除をしていた。妻である啓子さんは、前日から司書教諭の資格を取るための出張研修に出ていたため、不在であった。

不意に、電話が鳴った。切迫した声が、受話器を通じて勝哉さんの耳に押し入ってきた。

「健斗君が保健室にいます。瞳孔が開いています。救急車を呼びました。今から病院へ向かいます」

「はあ……はあ?」

電話を切った時には、勝哉さんの頭は完全に混乱していた。

「瞳孔が開いている? 今、確かに瞳孔が開いていると言ったよな」

頭の中には、つい先ほど聞いた声が何度もこだまする。しかし、この言葉と、つい数時間前に元気に朝練に飛び出していったはずの健斗君とが、どうしても重ならない。

「瞳孔が開いているということは、健斗が死にそうになっているということか? まさか、そんなはずはない。元気100%の健斗のことだ、何かの間違いに違いない。先生たちが慌てて見間違えたのではないか?」

できるだけ自分が納得できるようなことを考えようとするが、不安はどんどんと胸を押しつぶしてくる。

「こんな時こそ落ち着け！」と自分に言い聞かせ、入院となった時に備えて着替えなどの準備をしていると、再び電話が鳴り、搬送先の病院が告げられた。

その病院は、自宅から車で5分のところにあった。すぐに駆けつけると、入り口に知った顔があった。ラグビー部の顧問だった。健斗君はCT検査中とのことで、顧問に案内されてそちらに向かっている時、「30分ほど練習をしたところ、調子が悪くなったので、座って休ませていたら、こんなふうになりました」と、顧問から説明を受けた。わけも分からないままに、CT検査が終わるのを待つ間、勝哉さんは妻に電話した。

「落ち着いて聞けよ。健斗が部活中に倒れて救急病院に運ばれた。今、CT室にいる」

「CT室って、頭でも打ったの？　意識はあるの？」

「詳しいことは分からへん。とにかく、早く戻ってきてくれ」

妻に落ち着けとは言いながら、とても落ち着いてなどいられなかった。どうか、健斗に何事もありませんように。「お父さん、来てくれたんや、ごめん」と、明るく笑いながら出てきてくれますように。祈るような気持ちで待っていると、CT室から健斗君が運び出されてきた。その姿は、勝哉さんの予想をはるかに超えたものだった。

目を開いたまま瞬きもせず、全身が過緊張状態で、目がピクピクと痙攣していた。時折、「ウッ、ウッ」といううめき声を上げている。「健斗！　健斗！」と呼びかけても、まったく反応してくれない。

「40℃以上の熱があります。CTでは異常がありませんでした」

医師の説明に、「じゃあ、何なんですか⁉」と、つい声を荒らげてしまう。

「髄膜炎か破傷風だと思われます。ここでは処置ができないので、S救急救命センターに運びます。一緒に救急車に乗ってきてください」

医師に促されるまま、慌ただしく救急車に乗り込んだ。救急車の中では、健斗君は体中にバイタルチェック用のケーブルや点滴チューブをつけられ、相変わらず苦しそうな状態であった。固く握りしめられた右手の拳が小刻みに痙攣している。こんなにつらい思いをしているわが子の姿を前に、親として何もしてあげられない。無力感に苛まれながら、ふと救急車内の心拍モニターが目に入った。激しく乱れる波形は、素人目にも不整脈を示していることが明らかで、勝哉さんの心臓は凍りついた。この時初めて、「健斗が死ぬかもしれない」という最悪の事態が頭を掠めた。

## 熱中症による多臓器不全

S救急センターに着くと、顧問がやってきた。

「すみません。僕の判断ミスです。すみません」

そういったきり、顧問は押し黙った。学校側からは、校長と健斗君の担任、学年主任が駆けつけてきた。しかし、誰一人口を開くことができない。重苦しい沈黙の中、健斗君の処置が終わることをひたすら待つしかなかった。やがて、啓子さんが到着した。待合室の異様な空気に、すぐに「今、とんでもないことになっている」ということを悟った。

それから、何時間も経過したように思われた。ようやく処置が終わり、ＩＣＵに通されたのは、午後3時か4時頃だった。夫婦は、矢も楯もたまらず健斗君のベッドに駆け寄った。たくさんの機械にかけられ、無数のチューブがつけられて、今や呼吸は機械に助けられているわが子。昨日までとは別人のように顔全体がむくんで腫れ上がり、輸液によるものであろう、身体もパンパンに張った状態の健斗君が、ピクリとも動かない状態で横たえられている。相当辛い処置をさっきまで受けていたことが見て取れ、啓子さんの目には涙があふれた。

「健斗、こんなになるまで頑張らなくていいのに！」

「しんどかったやろ。もう、大丈夫や。お父さんもお母さんも来たよ！」

声をかけながら、いとおしい頬を撫で、手や足をさするのが精一杯だった。

「いったいどんな練習をしていたのですか？」

主治医が、厳しい口調で声を掛けてきた。その場にいなかった夫妻には、答える術もない。

「かなりきつい練習をして熱中症になったのです。健斗君がここに運ばれてきた時の体温は、43度にも達していました。これほどの高体温状態がどれだけ続いたかで、体へのダメージの程度も変わります。まず、尿が出ていないので、腎臓にダメージがあると考えられます。その他にも肝臓の一部や心臓にもダメージがあります。多臓器不全の範疇に入るような病状です。助かる確率は、経験からすると7対3の3の部類になります。ただし、命があっても障害が残ることは考えられます」

この時とっさに、「7対3であれば、あの元気いっぱいの健康優良児だった健斗なら、助かるのではないか」と、二人は考えた。ただ、医師の強張った表情から、何らかの障害が残ることは覚悟しなければなるまい。

「血液検査の結果がメチャクチャです。今まで見たこともないようなデータです。血液の中の血を固める成分がとても少なくて血が止まらない状態で、上からも下からも出血しています。血漿《けっしょう》を入れたいのですが、承諾して頂けますか？」

言われて、健斗君の顔を見ると、鼻血を拭ったようなあとがあった。医師が勧める手立ては何でもしてもらいたいと思って、すぐに承諾書にサインした。そしてしばらくして、入院の準備のためにも、家で待つ二人の息子のためにも、一旦は自宅に戻ることとした。本当は、今にも健斗君の容態が悪化しそうな気がして、片時も離れたくはなかった。

この頃、顧問の方から「今のうちに伝えておきます」と、事故についての説明があった。「僕には、助ける機会が3回ありました。1回目は健斗が『先生！』と呼んだ時。あの時健斗を助けられるのは、僕しかいませんでした。2回目は、7時30分頃に健斗が倒れた時。3回目は、お茶を飲ませようとしたらダラダラとこぼした時。それでも僕は、健斗を助けず、練習を続行してしまいました。僕の判断ミスです」。この時、宮脇さん夫妻には、顧問が心から悔いて誠実に話してくれているように映った。そのため、それ以上追及することはせず、とにかく健斗君の容態に意識を集中することに努めた。

## 「お手上げ状態です」

宮脇さん夫妻は事故当日の朝から救命センターでずっと待機していたが、健斗君は処置中とのことで、何時間も待たされた。ようやく会えた時には、外はもうすっかり暗くなっていた。

「健斗君の身体は、輸液も薬もまったく取り込んでくれない。血漿が入らないので、血液が固まらない状態が続いています。尿の出方も悪い」と、主治医が説明してくれた。夫婦は、健斗君の身体をさすり続けた。しかし、状態が悪くなったため、再度処置室に運ばれていった。夜中になり、処置室から出てきた主治医は、苦渋に満ちた表情をしていた。

「腎臓の機能が悪いので、人工透析をしました。考えられることは、すべてやり尽くしました。でも、状態は悪い方向に向かっています。血圧も低いし……正直言って、お手上げ状態です」

「どんなに重い障害が残ってもかまいません。命だけは助けて下さい！　お願いします！」

ようやく絞り出した言葉に、主治医は無情にも「会わせたい方がいらっしゃったら、連絡を入れた方が良いですよ」と告げ、一礼して去っていってしまった。

夫婦は相談の上、信頼できる知人のKさんに電話をし、自宅にいる弟たちや勝哉さんの両親を病院まで連れてきてほしいとお願いした。真夜中であったにも関わらず、快諾してくれた。特に幼い弟二人にこんな兄の姿を見せることは、できれば避けたかった。弟たちにとって、いつでも健斗はスーパーマンだった。こんな状態の健斗を見た時、彼らに一体どう説明すればいいというのだろう。

## 「生まれてきてくれてありがとう！」

病院に現れた時、弟たちも、祖父母たちも、明らかに動揺しているのが見て取れた。健斗君がここまで重篤な状態にあることを、今まで知らせていなかったからである。

ＩＣＵに入り、ベッドに横たわる兄の姿を見て、次男は「なんで？　お兄ちゃんどうしたん？　お兄ちゃん？」と、何度も問いかけた。三男は言葉もなく、ただ涙をポロポロ流して袖口で何度も目をぬぐっていた。祖父母も、あまりのショックに言葉もなかった。ごく短い面会時間だったが、4人のショックが大きすぎるため、またＫさんに自宅まで送り届けてもらった。依然として健斗君の容態は思わしくなく、やがて夫妻も外に出された。処置が終わって面会し、また外に出され……何回繰り返されただろうか。一連の処置が終わった後で、主治医が静かに言った。

「あとは、心臓が止まるのを待つだけ、時間の問題です」

健斗君に繋がれたモニターを見ると、心拍数は35、明らかな不整脈で、血圧もかなり低かった。健斗君といられる時間は、あとわずか。夫婦は、ベッドの両サイドから健斗君の手をそれぞれ握り、空いた方の手で頭や頬を撫でながら、健斗君に語りかけるように、今まで一緒に過ごしてきた思い出話をとりとめもなくした。不意に、心拍数が81にまで上がった。夫婦は、このまま思い出話をし続けると、健斗が「生きたい！」という気持ちになってどんどん回復し、いずれむっくりと起き上がってくれるのではないかと思えた。だから、必死で楽しかった思い出話を話し続けた。しかし、いったん上がった心拍数は徐々に下がってゆき、とうとう0になった。

「健斗！」

叫ぶと、心臓モニターがピッと1回鳴った。「健斗！」と呼び続けるたびに1回ピッと鳴る。健斗君は、残された機能のすべてを使い、大好きな父母の呼び掛けに応えようとしてくれているようだった。夫婦は、こんな機械音だけでも反応があることが嬉しく、何度も何度も健斗君の名前を叫び続けた。しかし、この奇跡の会話も終わりを迎える。

１９９９年7月28日午後6時41分、健斗君は永遠の眠りについた。

「健斗、苦しかったやろう。最後までよく頑張ったなあ。えらかったぞ」

「健斗、今まで楽しかったねえ。健斗がいるだけで本当に幸せやったよ」

「健斗、生まれてきてくれてありがとう！」

天国を目指す健斗君の魂がこの病室にまだ残っているであろううちに、勝哉さんと啓子さんは精一杯の思いを伝えた。

## 通夜、告別式

健斗君を清拭し、浴衣に着替えさせ、家に連れて帰った。近くの葬儀屋に葬儀をお願いすると、悲しみに暮れる暇を与えてくれないほど、煩瑣《はんさ》な作業が次から次へと押し寄せた。

その夜は、勝哉さんと啓子さんが健斗君を挟んで川の字になって寝た。夫妻とも疲れ切ってはいたが、様々な思いがあふれ出して涙は止まることがなく、一睡もできないままに通夜の日の朝を迎えた。

午前10時頃、顧問がやってきて、横たわる健斗君の枕元に1時間ほど座っていたが、健斗君はおろか、夫妻にも詫びの言葉は一切なかった。帰りがけに玄関で、ふと思い出したように言った。

「健斗が死んだ時は、もう二度と子どもの前に立てないと思いました。昨日の夜、健斗と話をしました。健斗やったらどう言うだろうと考えました。『先生、何言ってるねん。頑張ってくれな困るやないか。これからもしっかり練習して、県大会で勝って！』と言うと思った。……今、どうしていいのかわからないんです」

これには、夫婦とも唖然とし、「ああ、そうですか」と答えるのが精一杯であった。

お通夜は、午後7時。健斗君とゆかりのあった人たちが多く参列してくれたが、この人たちはまだ生きているのに、健斗君だけが死んでしまったという不合理さをどうしても感じてしまう。それでも、健斗君が安らかな気持ちでいられるよう、平静に執り行うよう何とか努めた。その夜、告別式で参列者に「健斗はこんな子だったのですよ」ということを知ってもらうために、勝哉さんと啓子さんはこれまで撮りためていた健斗君のビデオテープを、徹夜で編集した。画面の中では、元気いっぱいの健斗君が走り回ったりおどけたりしている。それなのに……二人は、泣きながら作業をし続けた。

告別式の当日の朝、ビデオを上映したいので、生徒たちに1時間前に来てくれるように伝えるため、川西中学に電話をした。その時、教頭が言った。

「明日、全校集会を開きます。その時に書いたものを配るのですが、そこに宮脇さんから、残った子どもたちを励ますような、生きる力が湧いてくるようなメッセージを書いて頂きたいのですが」

勝哉さんは、この言葉に愕然とした。これが、子どもを亡くし、これから告別式をしなければならない親に言う言葉なのだろうか。感情を抑えながら、精一杯丁重にお断りして電話を切った。

告別式とその後の火葬場へ向かう車の中、そして火葬場でのことは、夢の中のようでほとんど記憶が残っていない。ただ、健斗君の骨は残らず持って帰りたかったので、大きい骨壺をお願いして、納得するまで納めさせてもらった。

骨になった健斗君を抱いて家に帰ると、まだ小学生の二人の弟のためにも、泣き暮らすわけにはいかなかった。弟たちも、一番大好きだったお兄ちゃんにもう会えなくなってしまったという現実をうまく受け止めることができないようだった。これ以上二人の傷を広げないためにも、何とか日々の日常を取り戻すように努めるしかなかった。

## 世間との戦い

事故から14日目の8月10日に、教育長をはじめとする教育委員会の面々と校長・教頭が、学校側の聴き取り内容を携えてやってきた。

「今回は、本当に申し訳ありません。謹んで改めてお悔やみ申し上げます」

この教育長の言葉を、校長が継いだ。

「健斗君の死亡につきまして、本当に申し訳なく思っております」

この時、学校側が持ってきた『記録』は、1センチほどの分厚さのものであった。その内容は、練習メニューごとの位置を示した図面と部員たちからの聞き取り、顧問の手記で構成されていた。そこには、健斗君が受けた残酷な仕打ちの数々が克明に記録されていた。助けを求めたいのに「アー、アー」としか言えない健斗君に浴びせられる罵声と暴力、意識が朦朧としていく中で、健斗はいったい何を感じていたのか。両親からすれば、その時の状況を想像するだけで気が狂いそうな思いであった。

——健斗は顧問に殺された。はっきり、そう確信した。

顧問自身も、当初は自らの非を認めていた。あの日救命センターで、顧問が「助ける機会が3回あった」と神妙に述べた時、勝哉さんは、「何処へ行っても、誰と会っても、今言ったような真実を歪めずにきちんと話してほしい」と伝えた。その言葉に対して、顧問は毅然と、「それが、健斗にできる最低限のことだと思います」と答えたのである。

そうした中、家族は、16日から23日まで健斗君が楽しみにしていた沖縄旅行を決行することに決めた。不在になる8日間のことが心配ではあったが、弟二人のストレスもピークに達していて、息抜きをさせてやりたかったこと、そして、健斗君がどうしても行きたがっていた沖縄の海に、健斗君の遺骨を一片置いてきたいとも思ったからだ。

しかし、健斗君のいない家族旅行は、夫婦にとってはただ虚しかった。何をしても、何を食べても、「どうして健斗がいないんだ？　どうして健斗がいないのに、自分たちだけで楽しむことが許されるのか」と、心は沈むばかりであった。

そして旅行から帰ってしばらくすると、お参りに来てくれた同僚が、教職員たちが心ない噂話をしていると教えてくれた。「わが子が死んだのによくまあ旅行に行けるねえ。私だったら、できないわ」、「健斗君が死んだその見舞金で、沖縄旅行しているらしいよ」

見舞金はおろか、医療費も、葬儀の費用も一銭も出してもらっていない。子どもを亡くした遺族は、何もせずただ悲しみに暮れていなければ、世間の顰蹙《ひんしゅく》を買ってしまうのだ。

その時期を境に、ラグビー部の保護者たちも、その後の調査に非協力的となり、保護者会で保護者らは、宮脇さん夫妻に無遠慮な冷たい視線を向けてきた。

学校側も、『子どもの心のケア』という耳触りのよい言葉を使い、生徒からの聴き取りや事故の再現を一切拒否する構えとなった。遺族が現実を受け入れるためにこれ以上譲れないところまで譲歩した提案であっても、次々と却下されていった。

## 顧問に対する刑事告訴

取りつく島もなくなった学校側の姿勢になすすべもなくなり、夫妻は顧問の刑事告訴を決めた。間もなくそれを聞きつけて、地元教職員組合の3役が来宅した。何とか告訴を取りやめてほしいと頼みに来たのだ。

「これ以上宮脇さんが顧問の先生を追いつめると、宮脇さんの立場が悪くなる一方ですよ」

「私たちは、健斗のためにできることをやりきりたい。こんなにかわいそうな死に方をした健斗の身になってください。大事な息子をこんな形で失わなければならなかった親の気持ちを察してください」

そう告げて帰ってもらったが、その後、組合幹部の言葉通りのことが起きた。「宮脇が先生を告訴したことによって警察が調べはじめ、川西中学校が荒れはじめている」として、川西中学校ＰＴＡ作成の『嘆願書』が教育委員会に提出されたのだ。この嘆願書は、中学での職員朝礼で教頭から提案があり、全教職員の承認を得たものであった。

これを皮切りに、宮脇家へのバッシングはより激しさを増した。顧問教諭を『守る会』のようなものも作られたと聞いた。そこで、顧問に寛大な処分を求める署名活動が盛んに行われはじめたというのである。

こうした、世間の心ない仕打ちに苦しめられながらも、真実を知るための宮脇家の闘争は続いた。事故後1年半ほど経った暮れも押し詰まった２０００年12月28日、検察によって、無情にも『嫌疑不十分』による不起訴が決定された。

当然、納得のいかない夫妻は、検察に赴き、説明を受けた。そこで顧問が取調べに対し全面否認をしていたことを知った。事故発生当初、顧問は自らの非を認め、自戒していたのだ。しかし捜査が入った途端、厚顔無恥にも「知らなかった。分からなかった」を繰り返したのである。検察の判断には到底納得ができず、検察審査会に不服申し立てを行った。

他方で、2001年3月末に県教委は、検察の不起訴を受ける形で、顧問に対して『文書訓告』という、信じられないほど軽い処分を出した。あれだけのことをした顧問であっても、書面で形式だけのお叱りを受けるだけで終わり、あとは何事もなかったかのように、研修派遣先から元の教壇に戻るかもしれないのである。一人の生徒の命を奪っておいた教員がこんなに軽い処分で済むとは、健斗君の命の重さを何だと思っているのだろう。

## 子どもの人権オンブズパーソン

宮脇夫妻は藁をもつかむ思いで、川西市の『子どもの人権オンブズパーソン』の事務局の門を叩いた。ちょうど前年の1998年12月に川西市議会によってわが国最初の条例による『子どもの人権を守るための制度』として、満場一致で可決されたばかりであったのだ。そこで宮脇さん夫婦は窮状を訴え、申立てを行いたいと申し出た。オンブズパーソンは調査の開始を決定し、約半年間をかけて、宮脇さんの話をじっくりと聴き、その訴える内容が事実であるかを逐一学校長や教育委員会に確認を取る作業を何度も続けることで、一つずつ丁寧に事実を認定していってくれた。風評被害に苦しめられ、四面楚歌の状態にあった宮脇さん夫婦は、この制度に一条の光明を見出すこととなったのだ。

オンブズパーソンは、2000年7月13日、川西市教育委員会委員長あてに、「真実究明の手続を速やかに行うこと」、「熱中症予防の体制を講じること」、「部活動が真に子どもの自発的・自主的な活動として運営されるよう必要な施策を講じること」などの勧告及び意見表明を行った。

この勧告には、別表として80ページにわたる調査結果と判断が添えられていた。それらの内容は、宮脇さん側の訴えにほぼ完全に沿うものであり、被害者遺族に向き合うことを通して健斗君の思いを受け止めようとする努力の上に、本件事故の原因究明と再発防止対策がなされなければならないものと結ばれていた。

この、綿密な調査と根拠に則った公的な勧告によって、教育委員会は事故調査を行うために重い腰を上げざるを得なかった。そしてパーソンの勧告が出てから5カ月も経過して、ようやく事故報告書が出された。宮脇さんは、納得のできない部分について何度か修正を申し入れ、その都度訂正が行われて、2000年12月21日に最終版の事故報告書が完成した。パーソンの勧告により、この報告書は川西市内の全学校に配布されることとなったのである。

## 顧問との面談

学校の調査・公表が終わったことで、次にできることは民事訴訟であった。しかし民事訴訟は、健斗君の命を金額に替えるという意味を持つため、夫妻にとっては抵抗感が強かった。そこで、信頼できるオンブズパーソンの担当者に相談すると、顧問と面談してみてはどうか、という提案があった。健斗君を殺した顧問の内省が深まり、心の底から遺族に謝罪し、再発防止の恐れがないと十分に評価できるのであれば、これ以上訴訟で争う必要はないのではないかということである。

こうして、パーソン立会いの下で面談の場が設定された。そこで久しぶりに対峙した時、顧問は開口一番、こう訴えたのだ。

「警察は、ひどいところです。1回につき5時間を20回で、計100時間を超える取り調べを受けました。悪意などないのに、『逮捕する』とまで言われたし、指紋も全部とられました。それはもう厳しいもので、心身ともに疲労困憊しました。もっと他にやり方がなかったのですか」

宮脇夫妻は、愕然とした。そこでは反省の言葉も謝罪の言葉もなく、刑事告訴されたことに対する恨み節しか出てこなかったのである。まるでこちらが加害者であるかのように、平然と非難してくる顧問の神経を疑わざるを得なかった。

そしてその後は、健斗君の死について「練習前に水を飲まなかった」「太っていた」「オーバーアクションだと思った」など、あたかも健斗君自身に非があったかのように言い募り、それだけでなく、ラグビー部に「息子を勘違いして入れた」と親の責任であるかのように非難したのである。こうした言い分は、宮脇夫妻にとって、そして何よりも健斗君に対して、耐えがたい侮辱である。

「あなたは、子どもを亡くした親の気持ちが分かりますか」

勝哉さんは怒りで震えながらも、ようやく絞り出すように顧問に問い掛けた。

「それを言うなら、教え子を亡くした教師の気持ちが分かりますか」

返す刀で発せられたこの言葉は、同じ教員である宮脇さん夫妻が、顧問を心の底から軽蔑するに十分すぎるほどのものであった。勝哉さんは、「『教え子を亡くしてしまった教師』ではなく、『教え子を殺してしまった教師』だろう！」と、怒鳴りつけたい衝動に駆られた。

## 民事訴訟へ

顧問との面談を終えた時、宮脇さん夫妻には、もう民事訴訟に対する迷いがなくなっていた。

健斗君の死亡事故は不慮の事故の域を優に超えており、顧問のパーソナリティや指導方法・生徒理解の誤りに負うところが大きく、顧問自身が引き起こした『人災』であったことは明白だ。何とかして顧問にこのことを自覚させ、健斗君の死の責任を心から感じてもらわなければならないと、強く思ったのである。

ここで宮脇さんは、他の事故のご遺族と同じように、弁護士から『国家賠償法』によって顧問個人の賠償責任は追及できないとの説明を受けた。しかしどうしても、顧問個人に対して「この裁判は、あなたの過失・責任を問うているものなんです」ということを自覚させる必要があると考えざるを得なかった。そのため、弁護士に何度もお願いをし、被告としての川西市に並んで、顧問個人の名前を被告に加えてもらったのである。

健斗君の命に値段をつけることには最後まで抵抗があったが、健斗君に起きたことの真実と、こちら側の言い分が裁判所によって認められることこそが何よりも大切なことであると、自分たちに言い聞かせた。だからこそ、「この裁判に勝つことが健斗君の尊厳を守ることに繋がる」との信念の下、2001年7月24日に民事提訴をした。ここから、宮脇夫妻の約2年にわたる新たな戦いが火蓋を切ったのだ。

訴訟期間の前半は、無味乾燥な書類のやり取りであっという間に終わったが、後半になると証人尋問などの手続きが行われるようになった。顧問の尋問の期日には、顧問の支援者たちが傍聴席に詰めかけ、宮脇さん夫婦に冷たい視線を投げつけてきた。しかし、こうした屈辱にはもはや何とも感じないほどに、これまでの宮脇さん夫婦はありとあらゆる痛みを味わい尽くしてきていた。

２００３年6月30日、民事裁判の判決が出た。宮脇さん側の完全な勝訴だった。ただし、やはり国家賠償法の壁は厚く、顧問個人への損害賠償責任は認められなかった。それでも判決は、「午前7時30分頃の3回目のキックダッシュの２本目を終えた後、グラウンドに倒れこんだ時点で、通常人であれば熱中症発症の恐れを十分に予見ないし認識できたはずであり、顧問がこの時点で適切な救護措置をとっていれば、健斗君の死亡を回避できた蓋然性は高い」として、顧問の過失責任を明確に認めてくれた。この判決を川西市は受け入れ、宮脇さん側の勝訴判決は確定した。

そして民事判決が出た後、検察審査会が『不起訴不当』という異例の議決を出したことで、いったん不起訴が決まっていた顧問の業務上過失致死事件が、再び検察庁に戻されることになった。

そして、これらの一連の出来事が大きく報道され、地域の誤解も徐々に解けてきた頃の２００４年3月31日、突如顧問は退職した。職場に居づらくなったのかもしれないが、何らの挨拶も報告も受けていなかった宮脇さんには、その真意を知る由もなかった。

そして２００４年4月26日、再捜査を行っていた検察庁が、ようやく顧問を『業務上過失致死』で起訴した。この罪状を顧問は認め、罰金50万円を支払って、顧問の有罪が確定することとなったのである。宮脇さん夫婦にとっての、約5年間にわたる戦いは大きな区切りを迎えた。

## 健斗君の『生きた証』を実践する

本稿で、ここまで宮脇夫妻の戦いについて詳細に描くことができたのは、勝哉さん、啓子さんがこの区切りを迎えた時点で執筆した、全302ページにわたる手記『先生はぼくらを守らない―川西市立中学校・熱中症死亡事件』（エピック、2004年）を参考にさせていただくことができたからだ。通常であれば、学校との交渉や過酷な裁判手続によって消耗しきっていたであろう大変な時期にあって、宮脇夫妻はなおも健斗君の『生きた証』を何とか残そうと、残る力をこの手記に注いでいたのである。そして第1章でも触れたが、その後勝哉さんは『全国学校事故・事件を語る会』を、同じく元教員で教師による理不尽な指導によってわが子を亡くされた内海《うつみ》千春《ちはる》さんとともに立ち上げ、現在まで共同で代表世話人を務められている。

この会に出合ったことで、癒しを得て、生きる力を取り戻すご遺族や当事者たちは数知れない。宮脇さんたちのこれらの活動に、心より敬意を表したい。

## 《日体大生へのメッセージ》――宮脇勝哉さん

将来、教育現場に立つことやスポーツ活動に携わることを志望されている皆さんに対して、熱中症による重篤事故の一例を知っていただき、決して同じような過ちをくり返さない指導者になっていただきたいとの切なる願いでお話させていただきました。

子どもたちやその保護者は若い指導者に大きな期待を寄せています。

その期待に寄り添えるような指導者になってください。

## 《日体大生たちの感想》

・こわい。熱中症を軽く見てはいけないと思った。指導者の気持ちの甘さ、無理な指導に腹が立った。

・体罰をしてしまう教師は、本当にどうかしていると改めて思った。気合いが入るのは分かるが、自分を抑えられず暴力をふるってしまうのなら、教師をやめてしまえと思った。

・こうしたあり得ないような事件が教育現場で起きていたことに悲しくなりました。苦しくなりました。絶対に避けてはならない問題だと思いますし、同じことが起きないように問題と向き合い、何がいけなかったのか何をすべきだったのか、今後どうしていくべきなのか、考えていきます。

・教師、特に部活動を担当している教師は、子どもたちの命を預かっている身として、常に責任の重さを忘れることなく、人間の体の仕組みや救命救急・蘇生法などについても熟知しておかなければならない。

・将来教師になる者として、絶対になりたくない姿だと感じました。非常に高圧的になってしまうのが、体育教師のイメージだと思います。学校は一体何のためにあるのかと考えた時に、教師が自分勝手になってしまうのは、学校の本来の姿から外れている。

・部活動における事件や事故はニュースなどで耳にする機会はあるが、実際に話を聴いたのは初めてで、とても心に刺さりました。自分が指導する立場になったら、自分の指導が生徒の一生を左右するというのを深く自覚する必要があると思いました。

・なぜこのような指導者がいるのか、私には理解できない。厳しいことをするのであれば、リスクを十分に考える必要がある。知識が無いくせに根性論や精神論を押しつけ、未来ある命を奪ってしまうということは、私にとって絶対にあり得ないし、私が指導者になっても、絶対にやりません。

・指導をする上で厳しくすることも必要であると思うが、それには限度がある。生徒の体調や身体に問題が起きるような指導は、絶対にしてはいけない。また、何か起きた時にすぐ対処できる人間でないと、指導者とはいえない。

・生徒の命が失われて、どうして周りはそこまで自分のことしか考えられないのか、不思議でならないです。だからこのような事故が起きる環境ができてしまうのだと思いました。

・話を聴いていて、その時がどういう状況だったのか、とても事細かく伝わってきて、胸が痛くなりました。そんな教員がいたのかと、自分の世間に対する視野の狭さを感じました。もう一度、教員という立場を考え直したいと思いました。お話を聞くことができてよかったです。命の大切さを改めて考えさせられました。

・実際に子どもを失った親御さんの話を聴き、心を強く打たれました。中学生で、まだ身体ができあがっていない子に対してそこまでするのか。生徒の意思を無視し、死に至るまで追い込む必要なんてあったのだろうか。すごく考えさせられるお話でした。

・顧問がもっと早くに気づいていたら、死という結果は防げていたはずの事故だったのだと思う。こんなことが本当に起きているということを、これから教員を目指す私たちは知っておくべきであり、そして、変えていかなければならない。

case file 5

野球部で仲間が受ける体罰に耐えられず、死を選んだ

# 山田恭平《やまだきょうへい》君

## 共感性の高すぎる子

山田恭平君は、山田家に生まれた二人目の男の子だ。一人目の時もそうだったが、とても難産だった。母親である優美子《ゆみこ》さんは、午後8時頃に陣痛で病院に行ったが、「まだ早い」と言われ、ずっと痛みをこらえながら処置室で待たされた。

ようやく恭平君が生まれたのは、翌日の午前3時30分だった。3、200グラムの元気な男の子で、兄に比べて頭が大きく、胸板が厚かった。「だから、なかなか出てこなかったんだ」と思ったことを覚えている。

恭平君は、言葉が遅い子だった。言葉こそないが表情は豊かで、生後3～4カ月頃には、いつもまん丸な顔でニコニコしていた。外に連れていくと、知らないお姉さんたちから「可愛い～！」と、よく声を掛けられた。

1歳過ぎても、2歳になっても言葉はほとんど出なかった。優美子さんは、「何か発達に問題でもあるのかな?」と思ったが、言葉がない代わりに、恭平君はよく動き回って色々なものに手を伸ばした。欲しいものがあれば自分で取りにいくので、言葉はいらないと思っているようだった。左利きだったが、お兄ちゃんがハサミを使っているのを見て、器用に右利き用のハサミを使いこなした。何かモノを作ることが大好きで、幼いながらに、何かを作りはじめると時間も忘れて没頭していた。

幼稚園の面接に通ることができ、3歳の時から幼稚園に通うことになった。そこで突如、言葉によるコミュニケーションに目覚めた。家ではいつも両親や兄が面倒を見てくれるので、自分から意思表示をする必要があまりなかったのかもしれなかった。

幼稚園では、鬼ごっこやチャンバラごっこなど、男の子のやんちゃな遊びには一切興味を示さず、女の子と一緒に折り紙やお絵かきをしていた。男の子と女の子を分ける時には、自然と女の子のグループに行こうとしていた。たまに男の子にちょっかいを出されることがあったが、人の『悪意』がまったく理解できないようで、困ってすぐに泣いていた。

共感性が極めて高い子で、泣いている子がいれば、隣に座って一緒に泣くような子だった。

## 努力家の野球少年

小学生の時から喘息とアトピーが出て、あまり体力のある方ではなかったが、恭平君は小学校時代に野球に出合い、突然活発になった。1年生の時から地域の少年野球チームに所属し、サウスポーの恭平君はファーストを守り、4番打者として活躍した。当時の作文に『夢はプロ野球選手』と書くほど、野球にのめり込むようになったのだ。しかし、6年生の途中でチームに怒鳴るタイプの指導者が加わったため、恭平君はそれに耐えられなくなり、突然、母親の優美子さんに「野球を辞めたい」と言い出した。優美子さんが事情を聞くと、恭平君はこう言った。

「今度のコーチ、いつも怒鳴るんだ。友達がいつも怒られてるのを見ながら、野球をしたくない」

一番チームに長くいた恭平君が抜けるということを聞きつけ、当時の仲間が家まで練習着姿で「一緒に練習行こうよ」と、何度も誘いに来た。練習場が、山田家からは徒歩わずか3~4分の距離だったからだ。また、保護者たちも、優美子さんに「一緒に卒団式をしましょうよ」と、何度も言った。このチームでは、保護者たちがほぼ1年がかりで卒団式の準備をしていた。卒団アルバムや卒団旅行などもあり、「チームで仲間とやりとげた」という一大イベントとして位置づけられていたので、唯一1年生の時から在籍していた恭平君が抜けるのはしのびないということだった。

それでも恭平君は、仲間が呼びに来ても絶対に出ていかず、「もう絶対に嫌だ」と、辞める意志は固かった。あんなに大好きだった野球を辞めたいと言い出すからには、よっぽどのことだ。優美子さんも、卒団式などのイベントのために、嫌がっている恭平を説得するのは、違うと思った。それで、慰留を望む保護者たちの前で「恭平は退団すると言っています。ごめんなさい」と、頭を下げた。

それでも恭平君はやっぱり野球が好きだったので、中学校に入学すると、すぐに軟式野球部に所属した。そこでは厳しい雰囲気ではあるけれど、理不尽な指導などなく、真剣に野球に取り組めば怒れることはなかった。そのため恭平君は、思い切り好きな野球に打ち込むことができ、身体の成長に比例してめきめきと頭角を現した。チームメイトに比べて大柄で、いっそう胸板が厚くなった恭平君が振ったバットにボールが当たると、飛距離は面白いように伸びた。

恭平君は何よりも「好きで仕方がない」という気持ちが伝わってくるようなプレーをしていたと、当時のチームメイトは言う。部活動が終わって帰宅しても、自宅の駐車場で毎日遅くまで素振りをしていた。向かいの家は、山田家の駐車場に窓が面していた。そのため、その家のお婆ちゃんは居間の窓から、「いつも頑張ってるね」と励ましてくれたり、ジュースを差し入れてくれたりした。また恭平君が学校に行く時には、「いってらっしゃい」と、よく声をかけてくれていた。

「学校に行く時、女の子たちから『恭平〜!』ってよく声を掛けられてたよ」

優美子さんの知らない恭平君の姿も、日頃からよく見てくれていたのである。日課の素振りを終えると、恭平君は自室にこもって好きな工作に取り組んだ。作りたい作品のアイディアが浮かぶと、ぱっと作ってしまう。中学3年生で自信作を市の展示会に出品した際には、発明クラブ会長賞を受賞した。

また、恭平君は、誰もが嫌がるような仕事でも嫌がらずにこなし、中学校の各学年ではいずれも学級委員長を務めた。級友は「先生から『誰かいないか』と言われ、誰からも手が上がらない時、恭平君は率先してそれを買って出た」と語っている。

野球と工作という大好きな活動に没頭するうち、高校進学に際しては、自然と志望校が決まった。県立の工業高校の見学に行った時、工作のための高度な機械に触れさせてもらい、胸が躍った。また、先輩から話をきいたところ、工業高校の野球部の活動は非常に熱心だということであった。恭平君には、大好きな工作と野球を思う存分できる、最高の環境に思えたのだ。

## 工業高校野球部

恭平君はこつこつと受験勉強を続け、2010年4月には、推薦で第一志望の工業高校への入学を果たした。高校生活がはじまると、恭平君はすぐに野球部に所属し、勉強も野球も存分に謳歌しているようだった。優美子さんは毎朝、元気に家を出る恭平君にお弁当を渡し、トレードマークの坊主頭の後ろ姿と、すっかり大きくなった背中を頼もしく眺めた。

しかし、夏の大会が終わって3年生が引退した時期、優美子さんは恭平君の顔から明るさが消えているのに気づいた。そしてある日、2軍の監督で1年生の練習を指揮していた体育教師である『副部長』が、練習中にいつも部員を殴るのだと打ち明けてくれた。優美子さんは驚き、「殴るって、恭平も殴られてるの?!」と聞いた。

「俺は殴られないけど、他の部員はよく殴られてる。部室にゴミが落ちていたというだけで殴るんだ。もう、最悪だよ。あんなに生徒を殴って、楽しいのかな……」

優美子さんはとっさに、学校に抗議に行くべきだろうかと考えた。

「仲間が殴られている姿を見て恭平は、『いつ自分がやられるか』と恐怖心を抱いていたのではないかと思います。幼い頃から恭平は、暴力を何よりも怖がっていました。だけど、殴られている部員の保護者がきっと学校に抗議するのではないかとも思いました。それで、結果的に行動を起こさなかった。それが、母親としての私の後悔のはじまりでした……」

恭平君は入学直後、軟式球から硬式球に変わったことで、肩を痛めてしまった。そして副部長は、思うようにプレーのできない恭平君を、他の部員たちの前で大声で罵ることを繰り返していた。この副部長は、まだ28歳の若い体育教師で、体育の名門大学の野球部に所属していた経歴を有している。その環境で、『怒鳴る、殴る』といった指導を当たり前のように受けてきていたのである。「笑顔で部活を引退する方法は一つだけ。それは甲子園に行くこと。俺はお前たちを必ず甲子園に連れて行ってやる。だからついてこい」と部員たちに熱く語るような人物であった。多くの保護者たちはこの教師を熱狂的に支持し、いわば『体罰容認』という空気ができあがっていたのである。

仲間が殴られ、自分は怒鳴られたり、あたかもそこにいないかのように完全に無視されたりなど、精神的にいたぶられ続ける日々。恭平君は、何よりも嫌いな暴力を日常的に目にし、本当に辛そうだった。後に野球部の仲間は、「恭平は、他の部員が殴られるのを見ると、明らかに表情が強ばったまま固まっていた」と証言する。

恭平君の繊細な心は、部活以外の時間に大好きな実習や工業の勉強に没頭することによって、かろうじてバランスを保っていたのである。

## 技能オリンピック

12月頃、学校から戻った恭平君は、久しぶりに晴れやかな顔をしていた。

「技能オリンピックって知ってる？　技術の先生が、それにチャレンジしてみないかって、俺だけに言ってくれたんだ」

恭平君の通う工業高校には、『生産技術部』という、技能オリンピック出場を目指して活動する部活動があった。技術の実習中、その担当の先生が恭平君のところにやってきて、「一緒にやらないか」と耳打ちしてくれたのである。

技能オリンピック（技能五輪全国大会）とは、青年技能者の技能レベルの日本一を競う技能競技大会であって、各都道府県の職業能力開発協会等を通じて選抜された、原則23歳以下の若者たちが〝技術の日本一〟を目指す大会である。企業に所属している若者の他、高校生、高専生、各種専門学校生、大学生などが41の職種に分かれて、あらかじめ決められた課題に取り組みながら競い合う、極めてハイレベルな大会だ。またこの大会は、2年に一度開かれる『技能五輪国際大会』の派遣選手の選考会も兼ねている。学生だけでなく、大手メーカーや一流企業の若手社員などが社命を賭けて参戦するため、参加者は所属校や企業からの期待を一身に受けた優秀技能者ばかりとなる。この誘いに、恭平君の胸は高鳴った。トヨタ自動車の系列会社に勤務していたこともある優美子さんは、もちろんこの大会のことを知っていた。

「知ってるよ。お母さんの先輩の旦那さん、技能オリンピックの世界大会で金メダルを獲ったことがあるから」

「そうなんだ。俺、挑戦してみたい。頑張るよ」

優美子さんは目を輝かせ、頬を紅潮させて話す恭平君の表情を見て、この高校に入学させてよかったと思った。幼い頃から工作好きな恭平には、工業高校が本当に性に合っていると思えたのである。

恭平君は、生産技術部の練習に参加させてもらい、毎日が本当に楽しそうに見えた。しかし、その1週間後、恭平君は肩を落として言ってきた。

「もう技能オリンピックのことはあきらめた。副部長が『中途半端な気持ちで野球はできない』って、かけもちを許してくれないんだ」

これを聞いた優美子さんは、あまりにも理不尽ではないかと思った。息子の目の前に現れた夢を、工業高校の教員でもある副部長が、いとも簡単に握りつぶしたのだ。釈然としない思いは消えなかったが、恭平君はすでに気持ちを切り替えているように見えたので、もうそれ以上この話題に触れることはしなかった。ここにも、優美子さんの後悔が残る。

しかしその頃はまだ、恭平君は野球に対する情熱も持ち続けていた。1年生の3月1日、野球部で「どういう選手になっていたいか」というテーマを与えられ、「誰にも負けないバッティングを身につけ、必ず打つというオーラを漂わせる選手。又、どんな状況でも、プレッシャーに打ち勝つバッターになる。期待される（みんなから）バッターになる」と記していた。

## 「もう、高校生活あきらめた」

２０１１年4月中旬頃、2年生に進級した恭平君が、真剣な顔で打ち明けてきた。

「俺、野球辞める。いろんなことに挑戦して、資格も取ったりしたい。野球をやってるとテスト週間も練習があって、家に帰ると疲れて眠くなるから、勉強ができない」

恭平君の喘息やアトピーは高校時代にはかなり収まってきてはいたが、夜に早く寝ないと体力的にきつい、という面があったのだ。

優美子さんは、とにかく恭平君の意思を尊重したいと考え、即座に賛成した。以前から聞いていた暴力の話や、技能オリンピックの話の時の対応も気になっていた。

「退部するんだったら、お母さんも一緒に言いにいこうか？」

「いいよ。俺一人で監督に話すから」

そして4月20日、恭平君は意を決して、1軍と2軍を束ねる総監督に退部の意思を伝えに行った。しかし総監督は「お前、そんなの逃げてるだけだろう」と即座に却下し、その後はまったく聞く耳を持とうとしなかったのだ。

その日帰宅した恭平君は、打ちのめされた様子で優美子さんに報告した。優美子さんは「退部したいというのが逃げてるなんて、絶対におかしい」と強く言ったが、恭平君は暗い目のまま、言った。

「俺、もう高校生活あきらめた。黙って野球するわ……」

優美子さんは、かけてやれる言葉を簡単に見つけることはできなかった。今、恭平は一時的に野球を嫌になっているだけかもしれない。あんなに好きな野球だったのだから、今辞めてしまって、「やっぱり野球をやりたかった」と後悔するかもしれない。だから、拙速に退部して戻る道を完全に閉ざしてしまうよりは、もう少し様子を見た方がいいのではないか、と考えたのである。

## 「部活を辞める」ということ

「今から思うと、そんな悠長なことを言っていられるような状況ではなかったのに」

ここでも優美子さんは後悔しているが、これは普通の親からすれば、無理からぬことである。私は、「部活動を辞めさせたい」という中高生の保護者からの相談を受けることがある。子どもが「辞めたい」と言っても辞めさせてもらえないというのだ。そして、自分が出ていって話がこじれたならば、わが子がどんな目にあわされるか、不安で仕方がないという。部活動を辞められたとしても、顧問は教科担当の教員として、場合によっては生活指導担当や担任として、在学中はわが子と関わり続ける。公立であれば『内申書』という言葉もちらつく。進学や就職の際にはお世話になるかもしれないのに、わが子が目をつけられるようなことは何としても避けたいと、多くの親は考えてしまうのである。

私は、こうした相談には「辞めさせてもらえなくても、行かなければいい。逃げることも必要です」と答えている。そう言い切れる根拠は、これまでに示した事故・事件の当事者たちの声である。

しかし、顧問からの慰留に背いて退部したために、待ち伏せされて報復されたという、嘘のような事例が存在していることも事実である。その事例は、ある武道の部活動だったため、強制的に参加させられた練習で、『試合』と称して顧問による凄まじい暴行が繰り広げられ、生徒が深刻な後遺障害を負うことになってしまった。これは特殊な例かもしれないが、生徒や保護者の立場からすれば、このような報復を恐れることも無理はない。

しかし、モチベーションが下がった状態で部活動に参加しても、パフォーマンスは上がらない。ミスが重なり、怪我も多くなる。結果として、命に関わることもないとは言い切れない。

そこで、もし報復が不安だというのであれば、弁護士に相談するのも一つの手である。弁護士を介入させればスムーズに退部が認められるはずであるし、その後、顧問が実力行使に及ぶ危険性は少なくなるだろう。できれば、『退部という、生徒にとって当然の権利を行使したことを理由として、生徒に不利益な扱いをした場合には、法的手段に訴える』という内容の警告書または念書を用意してもらうのがいいだろう。学校という組織は、裁判沙汰を何よりも恐れるのだ。

私が自分の考えをこう述べた時、優美子さんはさらに言葉を重ねた。

「それでも子どもは、自分だけが勝手に辞めてしまうことによって、『仲間に迷惑がかかる、顔向けができない』などと悩むかもしれません。子どもにとって、『学校内での立ち位置』というのは、大人が思う以上に重要なことです。私は今、『別に、この学校に行き続けることにこだわらなくてもいいんだよ』と、しつこいくらい恭平に言ってあげればよかったと後悔しています。子どもに見えている世界って、すごく狭い。だから親が、大人が、『ここから逃げることはできない』という子どもの思い込みに対して、『〝逃げ〟じゃない。あなたにはたくさんの選択肢があるんだよ』と言ってあげてほしいと思います」

## 「トランプ事件」

話を2011年に戻そう。

恭平君が高校2年生の5月、野球部はなかなか試合で結果が残せないため、父母会が総監督を辞任に追い込むという騒動があった。この時恭平君は優美子さんに、「『逃げるな！』と俺に言った総監督が辞めるんだって。あの言葉は何だったんだよ……」と、吐き捨てるように言った。

結果として、現役の部員たちが総監督の辞任に反対したため、総監督はすぐに復帰した。この監督は、「鬼」と呼ばれる副部長とは対照的に「仏の◯◯」と呼ばれていて、すべての部員に分け隔てなく、一人ひとりをよく見て声をかけるような指導者だったため、部員たちからの人望が厚かったのだ。それでも恭平君の目には、「言ってることとやってることが違う、汚い大人」にしか見えなかった。

5月19日から24日までは中間試験だった。それでも野球部では、当然のように部活動が継続された。5月19日、部員数人が部室横でトランプをしていたのを体育教師が見つけ、副部長に報告した。副部長の怒りは凄まじく、5月21日の練習試合の休憩の際、この時にトランプをしていた部員たちが名指しされ、壮絶な体罰を受けた。恭平君はこのメンバーには入ってはいなかったものの、この様子を間近で目撃して強い衝撃を受け、落ち込んだ様子で肩を落として帰宅した。

「すげー嫌なものを見た、すごい可哀想だった。ボコボコに殴られて、倒れても蹴りが入ってた。トランプくらいであそこまでする必要、あるんだろうか」

優美子さんに報告する恭平君の表情は本当に苦しそうで、体罰を目の当たりにして止めることのできなかった自分を責めているようでもあった。

あとから判明したことであるが、同じ日、恭平君は副部長から「ユニフォームを脱げ！　消えろ！」と怒鳴られ、皆の目の前でユニフォームを脱がされるという、屈辱的な経験をしていた。

その頃から恭平君は、部活動にはまったく行かなくなった。練習をサボればどんな仕打ちが待っているかはよく分かっていたが、そろそろ恭平君の精神は限界に近づいていた。この頃、優美子さんは練習着が洗濯に出ていないことに気づき、恭平君に聞くと「部活にはもう行かねえ」とのぶっきらぼうな返答が返ってきた。

友人に対して「もう野球部を辞める。勉強をしっかりやりたい」などと語る一方で、徐々に精神状態が不安定となってきており、食欲も減退してきていた。家では、パソコンの前でぼーっとしている姿がよく見られ、学校でもぼーっとする時間が増えていた。何事も全力投球で努力家の恭平君の姿は、すでにそこにはなくなっていたのである。

## 「今まで、すみませんでした」

5月26日、恭平君は発熱を理由に学校を休んだが、携帯サイトの「うつ病診断」を3回繰り返し行っていたことが分かっている。うち2回で「重いうつ病にかかっている危険性があります。病院で一度検査を受けることをおすすめします」という診断結果が出ていた。

そして5月30日には、複数の友人に「火鉢を買ったぜ！」と、練炭自殺を仄めかすようなメールを送信している。もちろん、家族はこのことをまったく知らなかった。

6月2日、学校で『身だしなみ指導』があり、担当教師が恭平君の『異変』に気づいた。日頃から清楚で、制服をきちんと着ている恭平君が、シャツの一番上のボタンをはめておらず、ズボンの膝あたりに小さな摩擦による穴が開いていたこと、そしていつもこまめに刈っている坊主頭が少し伸びていたのだ。教員は通り一遍の指導こそはしたものの、何となく気になっていた。

同月5日の日曜日、恭平君は予定されていた練習試合に行くことなく、ホームセンターで練炭8個入りの段ボールを購入した。恭平君はトランプ事件以来部活動に一度も出ていなかったのだが、副部長は、この練習試合の際、初めて恭平君が来ていないことに気づいた。

翌日6日も、恭平君は野球部の練習を無断で休んだ。副部長は、練習試合を無断欠席したことを問い質すため、恭平君を呼び出すようキャプテンに言った。キャプテンからその事実を聞いた仲間の部員が、恭平君の携帯電話に「副部長が来るようにと言ってた」とのメールを送った。これに恭平君は、「……俺に教官室に来いと言っていらしたのですか？　野球部副部長は？」と返し、仲間は「それ以外考えられませんよね」と返した。恭平君は、「はい。明日参ります」「とりあえず、ビンタ、タイキック、グーパンチ覚悟。そして、第一声はどういうつもりだ?!　を予想」などと返した。

これに対して仲間が「ビンタ×5」と返信したところ、「えー…、まあ覚悟はしておきます。顔面腫れ上がってても気になさらないでください（笑）」などと返信してきた。この頃、別の友人が恭平君に声をかけたところ、「やべえ、俺、副部長に呼び出された」と、暗い声で話していたという。

その翌日の7日は学校の球技大会だったため、副部長は大会会場で恭平君を探した。しかし恭平君を見つけて目が合った途端、恭平君は逃げてしまった。そこで副部長は、翌8日には恭平君のクラスの体育の授業があるので、そこで恭平君をつかまえようと考えていた。

8日の朝、恭平君は頭痛と吐き気を訴えた。優美子さんは、トランプ事件以降、ずっと落ち込んでいたことに気づいていたため、学校に行きたくないのだろうと思い、熱も測らずに欠席の連絡をした。この時恭平君の精神状態は、もはやぎりぎりのところまで追いつめられていた。副部長からの呼び出しが決定打になったことは、間違いない。キャプテンや複数の野球部の友人に「今まで、すみませんでした」「今まで、迷惑をおかけしてすみませんでした」というメールを送信している。

## 廃車置き場で

翌9日の朝、恭平君は普段通りに起きてきて、制服に袖を通した。優美子さんはお弁当を手渡し、学校に送り出したはずだったが、なぜか恭平君がお弁当を置いていっていることに気づいた。届けてやるべきかとも考えたが、以前お弁当を忘れた時に恭平君が「購買のパンを買って食べたけど、意外とおいしかった」と言っていたことを思い出し、またパンでも買うだろうと考えた。この時に「どうしてあの時、追いかけなかったのか」と、今でも悔やまれてならないという。しかし、多感な年頃の男の子の母親の多くは、このような時、同じように考えるだろう。まさか、これがわが子に最後に会うチャンスとなるなどとは、絶対に考えるはずもない。

仕事先で優美子さんは、担任からの電話連絡を受けた。恭平君が学校に来ていないというのだ。妙な胸騒ぎがしたため、何度も恭平君の携帯電話に連絡したが、つながることはなかった。

夕方帰宅した優美子さんは、真っ直ぐに恭平君の部屋に入った。すると、恭平君のベッドは整えられ、その上には携帯電話がきちんと置かれているのが目に入った。次に優美子さんの目は、部屋の隅にあった練炭の段ボール箱に釘づけとなった。中身をあらためると、8個入りだった練炭のうち、3個が持ち出されていた。

まさか、という気持ちとともに、優美子さんにはまだ少し余裕もあった。車ならまだしも、自転車では、練炭を使える場所がないだろうと思ったのだ。だからきっと今頃、恭平はそのことに気づいて、河原の橋の下あたりで膝を抱え、一人落ち込んでいるんじゃないか、と思ったのである。

優美子さんは夫と手分けし、恭平君がいそうな場所を重点的に探し歩き、立ち寄りそうな家にも連絡してみたが、いずれも空振りだった。そして23時頃になって、捜索願を出すため警察に赴いた。

「練炭を3つ持って、自転車で家を出たまま戻らないんです」

警察は、恭平君の服装や容姿、自転車の色や携行するものの形状など、詳しく聞き取ったあとで「では、何かありましたら連絡します」と言った。

「探してくれないんですか？　じゃあ、何で息子の特徴を細かく聞いたんですか？」

てっきり、その特徴を手がかりにして、パトロールの警官が息子を探してくれるのだろうと思っていた。しかし、警察が捜すということはなく、あくまでも「遺体なんかが発見された時、照会するために」、特徴を記録したのだという。『遺体』という言葉を聞いた夫婦は、暗澹たる気持ちで帰宅した。

その夜は一睡もせずに、恭平君からの連絡が来るのを待った。

そして翌10日の正午頃、電話が鳴った。夫は恭平君を探しに出ており、優美子さんが電話番をしていた。恭平君からかもしれないと思って慌てて返答すると、学校からだった。自宅から車でわずか15分、自転車でも30分もあれば行ける距離にある安城市の大きな公園の近くに、高校名の入ったステッカーを貼った自転車が放置されていることを、犬の散歩で通りかかった近所の人が高校に通報してくれたのだった。ステッカーの登録番号を学校側で照会し、恭平君の自転車だと分かったのだという。

優美子さんと夫は、言われた公園まで車を飛ばした。公園に到着し、その周辺を一時間以上探していると、ようやく恭平君のものと思しき自転車を発見した。その50mほど先には、廃車置き場があった。夫は、周りの草むらを探すことにした。優美子さんは、スクラップ待ちの車一台一台を確認して回った。車と車の間にはほとんど隙間がなかったので、優美子さんは「これでは、ドアを開けて中に入ることはできないだろう」と、探しながらもなおも期待をつなぎ続けていた。

しかし、車の塊から少し離れた場所、作業車の出入り口の場所に縦列駐車の形で一列に停められていた車の一つに、紛れもなく、恭平君の姿を見つけたのだ。恭平君は運転席に座って座席を倒し、眠っているようにしか見えなかった。そして隣の助手席の足元には、練炭を燃やした火鉢が置かれていた。恐る恐る恭平君の顔に触れると驚くほど冷たく、身体は硬直している。瞼は少し開いており、目頭に一粒、涙が浮かんでいた。優美子さんはそれを指で拭ってなめ、そっと目を閉じてあげた。明らかに夫の方が動揺していたため、優美子さんは自ら110番通報した。

「家出人を見つけました。○○のコンビニエンス近くの廃車置き場の入り口にある車の中です」

「救急車は呼びましたか?」

「もう完全に冷たいので、いらないです」。変に冷静だった。

間もなくパトカーが数台来て、優美子さんは『第一発見者』として、警察署に連れて行かれた。現場から、恭平君の側から離れなければならないのはどうしても嫌だったが、あっという間に連れていかれたため、あとのことは分からない。

死亡推定時刻は前日9日の午後4時頃、死因は練炭による一酸化炭素中毒であった。

恭平君は、何度か自転車で練習試合に向かう途中、この道を通っていたようだった。

## 通夜、葬儀

遺体を葬儀屋が警察から引き取り、恭平君はその夜、家に戻ってきた。優美子さんは、姉に電話をし、「実は、恭平が死んだ。ショックを受けるだろうから、お母さんにはまだ何も言わないで、うちに連れてきてほしい」と頼んだ。

自宅の和室の布団に恭平君を横たえてもらっていたので、優美子さんはその布団の隣で添い寝し、ドライアイスの冷却によって恭平君の顔に浮かんでくる水滴を丁寧に拭ってあげながら、いつしか眠っていた。あまりにも辛い状況に直面した時、優美子さんは意識を失うように、ネジが切れたように眠ってしまう癖があった。そのことをよく知ってくれている夫が、駆けつけてくれた親戚を迎え入れ、細々とした用事を切り盛りしてくれていた。この間、優美子さんには時間の感覚がなくなり、途中で目を覚ましては恭平君の顔に浮かぶ水滴を拭い取り、夢とも現実ともつかない時間をぼんやりと過ごしていた。

通夜では、他の多くの遺族たちが話すように、とにかく目の前の『仕事』を淡々とこなしていたようであったが、優美子さんの記憶はほとんどない。

通夜が終わり、夜通しの線香番に備えるため棺を和室に移した。その部屋のテーブルにはたくさんのお菓子やジュースを用意しており、恭平君の中学校時代の野球部の友達たちをもてなした。不意に優美子さんは、「ねえ、試合の時の恭平のチャンステーマ（応援歌）を歌ってよ！」と、笑顔で彼らに頼んだ。突然の友人の死に動揺していた少年たちは思わぬリクエストに驚いた顔をしたが、優美子さんからのたっての希望を受け入れてくれた。

「かっ飛ばせ‼　恭平！　行け行け恭平！……」。歌ううちに、徐々にみんなの顔に笑顔が浮かぶ。全力で、何度も何度も歌い続けてくれた。

告別式で優美子さんが覚えている唯一の場面は、棺の中に参列者一人一人が献花をする際、優美子さんの姉が手から花を取り落とし、それを拾って棺に納めようとした時に、向かいに住んでいるおばあちゃんが新しい花をさっと手渡したというものだ。その時優美子さんはぼんやりと、「ああ、なるほど、落とした花は棺に入れちゃいけないんだな」と思ったのだという。その後の火葬場での出来事は、骨拾いを含め、一切覚えていない。

## 学校の対応

山田家もやはり、恭平君の身に「何があったのか」を知りたかったため、何度も調査を行うよう学校に求めている。しかし学校は、遺書がなかったことをいいことに、「自殺と部や学校での出来事との因果関係があったという証拠はない」として、調査を拒み続けた。県教育委員会に提出する『事故報告書』には、事実無根の家庭の事情が記載され、『家庭に原因があった』と書かれていた。

それは例えば、「2歳上の兄が高校野球を辞めたせいで、弟である本人は両親の期待を背負い、苦しんでいた」というものだ。しかし、兄は中学時代に野球部に所属していたが、「部員が少ないからと友人に頼み込まれたので、付き合いで入部することにした」というにすぎず、野球を好きにはなれなかった。そのため、高校の野球部には見学すら一度も行ったことはなく、ずっと吹奏楽部に所属していた。また父母とも、もともと野球にはほとんど興味がなく、「息子がやりたいということを応援したい」としか思っていなかった。

あるいは、恭平君の自殺の理由は「学校の成績が低下したためだった」とほのめかされたこともある。確かに、2年生の中間試験で恭平君の成績は落ちていたが、それは野球部を辞めさせてもらえず、大嫌いな体罰を目の当たりにし続けて勉強への意欲がわかなかったこと、さらには『トランプ事件』によって精神的に落ち込んでいたことなどが影響したものであったためだろう。

恭平君の死から2週間ほど経った頃、野球部の指導者が誰も挨拶に来ないことを不審に思った遺族が校長にそれを指摘すると、すぐ翌日の6月24日、野球部の総監督、部長、副部長の3人が揃って山田家を訪れた。

優美子さんは総監督に「野球部を辞めたいと言った恭平に、『逃げてるだけだ』って言ったそうですね」と問い質した。総監督は、見るからにうなだれ、「その時は、辞める部員が1人いると、どんどん辞める部員が出てくると思った。『もうちょっと頑張れ』というつもりだった。『どうして辞めたいのか』を、ちょっとでも聞いてあげていたら良かったのに、その時の自分には余裕がなかった」と言って泣き出した。

「もう恐くてグラウンドには入れません。野球部の指導は、辞めるつもりです」

優美子さんには、この教師が心から悔いて苦しんでいるように見えた。だから、思わず声をかけた。

「誰でも、親であっても、ついうっかり、間違ったことを言ってしまうことはあります。今回のことについて、先生がそうやって思ってくださっているのなら、今後同じようなことはもうないと思います。どうか、続けてください」

総監督は立場上、恭平君に直接関わることはなく、恭平君のことを知らなくてもおかしくなかった。しかし、副部長は、恭平君が入部した時から1年生部員を束ね、恭平君を直接指導していた立場である。しかし、この二人の恭平君の死に対する思いの温度差は、まったく対照的であった。自分を責め、恭平君の死によって打ちのめされている総監督を目の前にして、副部長は、「自分はほとんど喋ったことがなかったから、恭平君のことは知りませんでした」と、平然と言ってのけたのである。

「練習試合に来なかったので、キャプテンを通じて呼び出したけれど、恭平君は来なかった。次の日に球技大会で見かけた時にも、逃げられました。その翌日の体育の授業で会えるかと思ったら、欠席でした。だから自分は一切恭平君とは接触していないので、（恭平君の自殺とは）関係ありません」

これを聞いて初めて、優美子さんは死の2日前に、副部長から呼び出されていたという事実を知った。あんなに真面目な恭平が、教師からの呼び出しを受けて逃げ回るなどということは考えられなかった。よほど、この副部長の呼び出しが恐かったのに違いない。

恭平君の死の謎を解くための、パズルのピースが埋まったような気がしたのだ。

## 部員たちの聞き取り

恭平君の死から約1カ月後、山田家に集まってくれた当時の野球部員6人が、優美子さんを前にして、副部長の体罰について口々に語ってくれた。

「(副部長は)『おれが暴力ふるっても、多少我慢しろ』って言った」

「正座させられて、バットでつつかれ、ボールを投げつけられた」

「向き合って、ドンと身体を押された」

「円陣を組んだ時、副部長から『出てこい』って言われて、円陣の中で殴られた」

「一列に並べられて、左から順番にはたかれる」

「胸ぐらを平気でつかんでくる」

「何回もビンタされてるし、頭も何回も叩かれた。で、最後に蹴られる。もうビンタは普通って感じ」

「『どこ見てんだ！』って、部員を並べてビンタ。それで『出てけ』『帰れ』となる。『やらせてください』って言っても、『うるせー！』って、今度は蹴り。『やらせてください』、蹴り、『やらせてください』、蹴り。だけどホントに帰ったら何されるか分からないから、とりあえず外周でも走ってる」

「腹に拳をグリグリ押しつけてくる」

「ボールを腹に投げる」

「練習試合でミスったら、試合中ずっと正座させられてた」

「『消えろ、お前帰れ』は決まり文句」

このような凄まじい暴力の描写を、部員たちは競うように、事もなげに語るのである。優美子さんは戦慄した。また、部員たちは、恭平君が受けたとされる仕打ちについても次々と口にした。

「可哀相っていうか、（副部長）にびびってたから」

「練習の時、標的だった」

恭平君が肩を壊していてうまく投げられない時のことを思い出した部員は、「『投げれなくてもしっかり投げろ』みたいな感じで言って、『何で投げれないんだ』って責めてた」と語った。

それを受けた他の部員も、「ちょっと牽制球取れなかっただけで、もうお前はいらんみたいな」「扱いがひどかった」などと回想し、「先生的には精神的に強くしようとしたんじゃないですか。その意図もあると思う」などと結んだ。

今更ながら、優美子さんの心は痛んだ。なんでも話してくれるあの子が、こんな辛い思いをしていながら、自分だけで抱えていたのだ……。どうしてもっと早く、気づいてあげられなかったのか。

こうした言葉は、わが子を自死で亡くした親に共通してきかれるものである。

「肝心なことを言ってもらうことができなかった、私は親失格です」

このように自分を責める親も多い。しかし、ほとんどの場合、その親の子育ては間違っていない。優しい子であるほど、自分の存在を危うくするような他者の存在を、親にはひた隠しにする。せめて家庭という安全基地の中では、外での過酷な現状を忘れて幸せな時間を過ごしたいと考えるのであろう。

## 手紙

暴力行為が発覚したことで、副部長は謹慎処分となった。これに対して、総監督の復帰を求める『署名活動』が行われ、部員80名全員とその保護者たちの署名が集められた。

このことに力を得た学校は、「部内ではほとんど口をきかず、特に3年生とはまったく話さず、何を考えているか分からない子だった」と、まるで恭平君に協調性がなく、野球部に馴染めなかったことで勝手に死を選んだかのように、事実を歪曲していった。
恭平君の名誉を守るため、優美子さんはかつての恭平君の友人たちに、「恭平の人となりが分かるような思い出を書いてほしい」という手紙を出した。すると、多くの手書きの手紙が寄せられたのである。そのほんの一部を、以下に引用する。

「ぼくは彼とは幼稚園から友達です。昔から、不正なことや暴力が嫌いで、怒っている時も決して手を上げることはしなかったです。…そして、クラスのほぼ全員が彼をすごくいい奴だと思っていたはずです。友達も多かったです。…そして何より彼はぼくの友達の誰よりもやさしかった奴です。ぼくが一緒に友達と遊んでいて一人だけハブられた時がありましたが、そんな時彼だけが「一緒に遊ぼう」と言ってくれました。大げさかもしれませんがぼくは彼を通して『他人への優しさ』を学んだと思っています。…彼は気が弱いと評価されたかもしれないけど、ぼくが知っている中で一番強くて、人気者である人です」

「自分は、恭平と小学校、中学校が同じで、中学時代は共に汗を流した野球部員でもあります。…中学になって恭平と同じ野球部員になり、一緒に過ごす時間が増えました。当時、キャプテンだった自分にとって、恭平の大きな声や明るいキャラクターは、とても助かりました。練習中も、試合中も外野から聞こえてくる『ワンアウト～！』というガラガラになった声は、みんなの表情を笑顔にし、チームの雰囲気を良くしてくれました。また、『4番、レフト』が恭平の定位置になり、バッティングでも勝利に貢献してくれ、チームにとって欠かすことのできない選手になっていました。あと、最後の夏の大会、一番最初に泣いたのも恭平でした。負けた瞬間、グラウンド全体に響き渡るくらいの声をあげながら、号泣していました。それだけ、野球に懸けていた人でした。…正直、恭平が亡くなったと聞いた時は『え、なんで恭平が…』と思いました。それほど自分の中では大きな存在であり、強い人でした。…恭平のことを慕っていた人は数え切れないほどたくさんいます。恭平の、あの笑顔に、あの優しさに、あの思いやりに救われた人は、たくさんいます。自分もその中の1人です。それは恭平と出会ったすべての人が思っています」

「山田は中学校からの友達！　クラスは一緒になったことないけど、自然と仲良くなれた。山田のこと知ったのは、友達が山田のこと好きだったから。正直、この人のどこが好きなんだろうって思ったし、ジャイアンみたいだなって思った。だけど、山田としゃべって、絡んでいくうちに私も周りも「山田を好きな理由がわかった！」って言ってた。山田はみんなに優しくて、クラスの盛り上げ役で本当に良い人！　山田のいるクラスはいつも楽しそうだったって印象がある。特に体育大会の応援がっせん！　１－２（山田のクラス）はずーと声だししてて、雰囲気めちゃくちゃ良くて、もちろん優勝だった！　私は１－３で隣だったから、すごいなーって思ってた。その中心には山田がいた。足おそいってイメージあったけど、体育大会で走ってるの見て、普通に速いって思ったのも覚えてる。いま思えば、同じクラスじゃなかったのに良く見てたなって思う。でも、それは山田が良い意味で目立ってて、存在感が大きかったからだと思う。…私の中の山田は明るくて元気で、盛り上げ役で良い人。それは今でも変わらないし、私の大切な友達。中学の３年間、山田との少ない思い出は私の宝物です」

「山田恭平君とは、中学校の時同じ野球部で毎日一緒に汗を流していました。そして、打順は僕が三番で彼が四番でした。僕は一生懸命練習しましたが、引退まで彼から四番を奪うことはできませんでした。途中、何度も諦めようと思いましたが、『それじゃあ四番は取れないぞ！　俺がずっと四番でいいのか？』と笑顔で言ってくるので、負けてられないと思い、がんばることができました。ミスをしても、『元気出そうよ、声出すと元気出るよ』と励ましてくれました。技術的にも、精神的にも、彼はずっと僕の目標でした。学校生活でも、級長などをやって学級をもり上げたり、クラスが違っても、彼はとても輝いて見えました。

自分が一番印象に残っているのは、部活内でいじめがあったときに、そのいじめを受けている子のために一番最初に、涙を流し、止めることができなかったことを悔やんでいました。彼は人一倍優しく、相手の気持ちがわかる人間でした。

中学時代、彼にしてもらったことに対して恩返しができていないのが心残りです。なので、この手紙が少しでも彼のためになればと思います」

## その後

山田家からの必死の訴えにより、２０１２年２月、県教育委員会により第三者調査委員会が設置された。しかし、この調査委員会のメンバーは匿名で、委員会の内容も非公開、生徒たちへの聴き取りやアンケートは実施しないという方針で進められたため、遺族にとって到底受け入れられるものではなく、一切の協力を拒否した。そして、公平な調査委員会で公正な調査をしてほしいとの陳情を県知事に対して行い、知事部局で新しい調査委員会を設置することを約束してもらった。

そして、新たな調査委員会が設置されたのが２０１３年４月であり、恭平君が自殺に至るまでの事実の解明と検証が行われることとなった。調査委員会は２０１３年８月29日に中間報告を出し、最終報告が出たのは２０１４年2月４日であった。

第三者調査委員会の結論は、恭平君が自殺に至る要因として、①入学から2年生の5月中旬にかけて『部活動を辞めたいけれども、辞められない』という葛藤が生じ、うつ病発症の危機が迫っていたこと、②5月中旬以降は『辞めたい』『辞められない』という二律背反に悩まされ、中間試験の勉強に身が入らないなどの状況となっていったが、身近で体罰場面に遭遇し、自らも叱責を受けるなどしたことで『頑張ろうとする意欲をそがれ、もう頑張れないという気持ち』になり、明らかに恭平君の『生き方における危機が進行』し、うつ病の発生に至ったこと、③うつ病の進行により意欲を失っていたところ、野球部副部長からの呼出しをきっかけとして、『もはや死ぬことしか考えることができなくなっていた可能性が高い』と結論づけた。

この結果を受けた遺族は、２０１４年11月10日、独立行政法人日本スポーツ振興センター（以下、「センター」）に対して、死亡見舞金の請求を行った。その目的は、もちろん見舞金そのものではない。遺族は、生徒の自殺という重大な結果に対し教師の体罰がどれほど影響していたのかということを、そして、明らかに学校側に非があったということを、『独立行政法人』という公平であるべき立場のセンターに認定してほしかったのだ。

当初、センターは２０１５年7月28日付で『不支給決定』との通知を出した。恭平君は、確かに野球部副部長による体罰の場面こそ目の当たりにしていたが、自殺が『学校事故に起因するとは言えない』ということなどが、その根拠だった。しかしこの決定に到底納得できない遺族は、不服審査請求を行った。それを受け、センターで審議を行った結果、２０１６年3月15日付で遺族に対し一転、『不支給決定を取り消し、死亡見舞金の支給を行うことを決定します』との通知を発した。

遺族側の主張とセンターの決定の推移に関しては、拙稿『愛知県立刈谷工業高校野球部体罰自死事件の死亡見舞金支給に関する日本スポーツ振興センターの決定』（日本体育大学紀要、第46巻1号、59－65頁、２０１６年10月）で詳しく解説したため、関心のある方はそちらを参照してほしい。

遺族は、この死亡見舞金の支給決定を受けたあと、愛知県弁護士会に人権救済申立てを行った。そして弁護士会は２０１８年5月23日付で、当時の副部長に対して、暴行罪に該当する体罰を行ったことは人権侵害だとし、さらにその体罰を見せられた恭平君ら部員に対しても、『体罰を受けた部員と同様、心身に深刻な影響を与える人権侵害』であると認定した上で、『二度とこのような人権侵害行為を行わないように』という異例の警告を出したのである。

ただしこの警告には法的拘束力はなく、当時の副部長は変わらず教育現場に立ち続け、野球部の指導をも続けている。

対して当時の総監督は、当時口にした「もう恐くてグラウンドには入れない」という言葉通り、夏の試合で三年生が引退したのを機に、野球部の指導からは一切身を引いた。そして恭平君の死から数年後には、教師をやめて家業を継いでいる。総監督は恭平君の死について、「監督を交代することが決まっていたので、最後に面倒を見た3年生を、夏の試合でどうしても勝たしてやりたいという気持ちばかりで、きちんと彼の話をきいてやれなかったことの責任は、一生背負っていかなければならない」「自分には、もう生徒を教える資格はないと思った」と語っている。

実は彼の継いだ家業は、恭平君が死の手段として選んだ練炭を確実に消す『炭消し壺』を製造する会社である。昨年、バーベキューのあとに炭をしっかり消さなかったため、火事になって幼い子どもが亡くなってしまった事故が起こってしまったとして、とても心を痛めていた。

「仕事をしながら、山田のことはいつも心の真ん中に置いている。だからこそ、炭が死の道具にならないように願いを込めて、安全に扱うための製品を作り続けている」と、元総監督は語った。

優美子さんは、「一人の生徒の死は、関わった多くの人の人生を変えてしまう。その重さを知って、教師は一人ひとりの生徒と向き合ってほしい」と語り、最後に「総監督に対しては、恭平の死を重く受け止めてくれた誠実さが十分に伝わったので、恨む気持ちは全くありません」と付け加えた。

## 《日体大生へのメッセージ》——山田優美子さん

『共感性羞恥』という心理学用語があるそうです。他人が恥をかいたり、辛い目に遭うのを見るとまるで自分の事のように感じ辛くなってしまう性質のことだそうです。

この言葉を知った時、恭平はまさにそうだったのではないかと腑に落ちました。恭平は、悲し過ぎるシーンのある映画を観ることさえ嫌がる子どもでした。でも私は、他人に共感できる感性があることは生きていく上で何より大切だと信じていましたし、息子にもそう伝えていました。

しかし彼はその優しすぎる性格ゆえに自分や仲間に向けられる暴力暴言を許せず、いつ自分も殴られるかと怯え、次第に追い詰められていきました。

彼が亡くなったあとで、私は「息子を小さな頃から暴力に慣れさせておけば、もしかしたら死ぬことはなかったのでは」と考えたことがありました。

でも、もし時間を巻き戻せたら、私は小さな恭平を殴ることができるでしょうか。高校の野球部で起きる出来事のために、今この暴力に耐えようとわが子の頬を叩き蹴りつけることができるでしょうか。

やはりそれはできないし、彼が彼であったことを否定することにもつながると思うのです。変えるべきは彼ではなく指導のためなら暴力を是(必要悪と言う人もいます)とする社会だと思うのです。あらゆる個性を持った子どもがその良さを存分に伸ばすことのできる学校教育にシフトチェンジしてほしいのです。

皆さんの中には、監督や教師、または保護者たる大人から殴られた経験を持つ方もいることでしょう。もっと頑張れ、限界を超えろと発破をかけられて成果を出してきた方もいることでしょう。私は、暴力に耐え抜いたあなた方を否定するものではありません。あなた方の努力は尊いです。耐え抜き、生き抜いてくれてありがとうと、心から思います。その一方で、やめていった仲間について思いを馳せていただきたいと思います。そして、子どもたちを指導する立場になった時には、自分の価値観だけで指導する危険性を常に心に留めておいていただきたいのです。

残念ながら地球上のどんな賢人でも神様にも時は戻せません。

時を巻き戻せたら、息子が亡くなる前に体罰という名の子どもに対する虐待行為を無くすための活動を必死でしたいのに。しかし時は戻らないし、息子が生き返ることは決してありません。

我が子が亡くなってからでは遅いと言われるかもしれませんが、恭平のように部活に絶望する子どもをなくしたいと考え活動していた時に南部先生と出会い、皆さんにお伝えする貴重な機会をいただきました。南部先生と、聞いてくださった皆さんに心から感謝します。ありがとうございました。

## 《日体大生たちの感想》

・部活の顧問が生徒の将来を閉ざしていると思った。教師というのは、生徒の将来の幅を広げ、道を作ってあげるものではないだろうか。生徒が見つけた新しい道を応援してあげるのも先生の仕事だと思う。先生の存在、部活動の顧問のあり方がいかに生徒たちに影響を与えるか、いかに生徒の心に残るか、いかに体罰がおかしく間違った行為なのかを、この話を聴いて改めて感じた。

・今の先生の世代やもっと前の世代の先生方は「体罰なんて当たり前、俺たちはこれ以上にやられてきた」という人もいると思う。でも、体罰で強くなったとかいう人はどこか違うんじゃないかと思う。体罰は何も育てないと思うし、みんながみんな強い人ではないと思います。自分は、スポーツは暴力じゃどうにもならないと思います。ミスしたから、自分たちが悪いからなどといった理由であったとしても体罰は存在してはいけないと思う。体罰の結果としてうまくなったとして、それは本当に実力なのかなと思います。体罰が無ければもっと自分らしい良いプレーもできると思うし、体罰には自分は絶対に反対です。

・「体罰があったから強くなれた」というのは絶対に間違いです。体罰に悩まされる時間を競技のことを考える時間に充てた方が、何倍も強くなります。これから指導をする立場になった時、生徒を苦しませる、悩ませる指導は絶対にしません。

・元気な子でも自殺をするなんて信じられなかった。実際に暴力を受けてなくても、周りの環境に押しつぶされる子どももいるということをきちんと理解する必要がある。「耐えられる子だけじゃない」、それだけは絶対忘れない。

・体罰容認の空気は絶対に間違っていると思う。自分はこれまで競技を続けてきて、一度も体罰を受けたことはありません。高校も決して強豪といえる学校ではなかったため、指導はそれほど厳しくありませんでした。しかしそのおかげで競技を好きで続けてこれました。強くなるために暴力は絶対に必要ありません。今後、私が教員を目指し、実際に教員になった時、この信念だけは曲げずに指導にあたりたいと思います。

・私自身同じような環境下で野球をやっていたので気持ちがよく分かった。根性論の指導ほど無知な指導はない。こんな指導が減るようにしていかなくてはならない。お話を聞かせて頂く中で、この副部長は指導というより洗脳のように感じた。

・自分自身ずっと野球をしてきて、正直いって体罰を受けていたこともありました。大学に入って体罰が原因ではないですが、心が追い詰められたこともありました。他の人、誰にも話すことはなかったですが、もういなくなりたいと思っていたこともありました。なので、今日話してくださったことは、とても考える部分もあり、恭平君の気持ちも、少しわかる気がします。本当に辛いです。そんな状況が平気だと感じている場にいること、相談できないこと、とてもしんどいです。でも僕は生きています。こんな思いを他の人にさせたくないです。だから今、教員になれるように頑張っています。

・僕も野球を今までずっとやってきたが、これまでに体罰などを受けたことはありません。それでも、僕は、高校時代に甲子園に行くことができたし、暴力があってそれに耐えたからこそ甲子園に行けるというのは、まったく関係ないと思う。

case file 6

# 「友だちにお菓子をもらって食べただけ」で、死に追い詰められた

# 大貫陵平《おおぬきりょうへい》君

## アウトドア大好き兄弟

大貫陵平君は、1986年11月13日、大貫家の元気な次男坊として生まれた。教員であった母親が仕事を辞めて専業主婦となり、父親の隆志《たかし》さんはグラフィックデザイナーとして外でバリバリ働いた。そして、陵平君が1歳半、長男が4歳と少しの年齢になる頃、兄弟は地元の保育園に入園することになり、そのタイミングで母親が仕事復帰した。

今度は隆志さんが、忙しい仕事の母親に代わって子育てをフォローするために、自宅で仕事のできるコピーライターに転職した。朝と夕方には幼い兄弟を自転車の前と後ろに乗せ、毎日保育園を往復した。遠足の日には、料理の得意な隆志さんが自らお弁当を作って持たせた。兄弟が2歳と5歳になり、勤務先の学校が期末に差し掛かる時期、母親はいつも夜中まで自宅で通知表を作っていた。そのためその時期になると、隆志さんは二人を連れて秩父の河原でキャンプをし、妻の仕事の邪魔をしな

いように気遣った。何も知らない兄弟は、キャンプという非日常の行事に大はしゃぎだった。

陵平君は人懐っこいが大人しい性格であり、常にマイペースでワイルドな兄とは対照的な性格であった。隆志さんはそんな幼い頃の二人を積極的にアウトドアの遊びに連れていった。陵平君は、川で泳いだり木に登ったりと、徐々に活発になり、運動神経のよさが際立ってくるようになった。

## 小学校時代

陵平君が小学校に上がる頃、面白いことに兄弟の性格が逆転してきた。もともと協調性の高かった陵平君は常にポジティブで活動的となり、対して兄は慎重で神経質な性格に変わってきたのだ。

陵平君が小学校4年生の時、埼玉県の新座市に引っ越すことになった。転校するに際して、兄が「友達、できるかな?」と不安そうに言うと、陵平君は「大丈夫だよ！　こっちから積極的に話しかければ、すぐに友達になれるよ！」と、あっけらかんと返した。兄は「そんなはずないだろ！」と、なおも不安げだったが、陵平君はその言葉通り、あっさりと新しい小学校に馴染み、たくさんの友達に囲まれるようになったのだ。

この転校先の同じクラスに、全盲の女の子がいた。世話好きで誰とでも仲良くなる陵平君はすぐに彼女と仲良くなり、積極的にサポートをしながら「世の中には、色んな人がいる。特別なサポートを必要とする人もいるんだ」ということを学んだ。この頃から、特に情緒が豊かになってきたという。

家族は毎年夏休み中の7月20日頃に、山歩きを楽しんだ。陵平君が小学校3年生の時に、北アルプスの北穂高に初登頂し、4年生の時には八ヶ岳、5年生の時には富士山、6年生で南アルプスと、次々と高い山を制覇していった。陵平君は小さな体ながら山登りがまったく苦にならない様子で、実に楽しそうに、軽やかに山の急斜面を登った。

また、陵平君は小学校4年生の時に、隆志さんの趣味であるトライアルバイクを一緒にやるようになった。レースデビューもこの年で、初出場のレースでコースを果敢に攻め、なんと初優勝を飾った。5年生の時からは、地域のサッカークラブにも所属した。

## 両親の離婚

実は、陵平君が新座市立第二中学校、通称『新座二中』に進学する前から、隆志さんは妻との離婚の話し合いをしていた。妻が仕事復帰したあたりから、二人の考えにはズレが出てきており、そのズレは月日を重ねるごとにどんどん大きくなっていったのだ。そんな中にあっても、夫婦は決して子どもたちの目の前で声を荒らげるようなことはしないよう心掛けていた。

それでも一度だけ、ごく短時間ではあるが、子どもたちの前で言い合いをしてしまったことがある。陵平君が小学校高学年頃のことだ。この時期、隆志さんは友人とともに会社を立ち上げたばかりで、帰宅する時間は不規則となっていて、家に帰れない日もあった。もちろん、妻も教員として忙しい日々を送っていたため、夫婦間で「どちらかが、必ず子どもの食事の世話をする。できない日は、相手に事前に申告する」という取り決めをしていた。

ある日、珍しく早く仕事が片づいた隆志さんは、連絡を入れずに18時半頃にふらりと家に帰った。すると家に妻はおらず、兄弟がお腹を空かせて待っていたのだ。これに、隆志さんはキレた。

「子どもに食事させるのが遅くなるのなら、あらかじめ言っておくべきだろう！」

「遅くなるのが分かってたから、近所の人に頼んでおいたのよ！」

逆切れする妻の姿に、隆志さんは「このまま一緒にいるのは、もう限界だ」と感じた。この数年間、色々なことが積み重なり、夫婦の心はすれ違い続けていて、一緒に生活を続けることに疲れ果てていたのだ。

隆志さんは、陵平君が中学校に入学したことを機に、「もう陵平は十分大きくなった。大丈夫だろう」と考えることにした。そして陵平君が中学校生活に慣れた5月頃、息子二人を呼んで「お父さんはお母さんと別れて、別々に暮らすことになった」と話した。この時隆志さんは、自分は離れて暮らすけれど、これまでと同じようにいつでも会えるし、何でも連絡してきてほしいということ、この離婚はお父さんとお母さんのどちらが悪いということではないことなどを、できるだけ丁寧に二人に伝えた。

長男は、複雑な反応をした。陵平君は、「なんで?」と、涙ながらに言ってきた。この時隆志さんは、感情をうまく表現できない兄の方が心配だった。陵平君は泣いて、自分の感情を出せている。だから、大丈夫。そう思ったのだ。

## 面会交流

親権は母親が取ったが、面会交流には一切制限が設けられなかった。だから隆志さんは、家を出た直後から、陵平君とトライアルの世界選手権を観に行ったり、一緒に食事をしたり、電話で話したりしていた。

ある時仕事の知り合いから、「バイクが乗れる、体重40キロ以下の子どものモデルを探している」という話が舞い込んできた。『GARRR(バイクブロス)』という、オフロードバイクの雑誌で、子どもライダーがキッズ用の新型マシンを試乗し、レポートするという企画だった。隆志さんは陵平君にぴったりだと思い、電話でその話をすると、陵平君はやはり飛びついた。

撮影当日、早めに待ち合わせをして、撮影用に格好いいライダースーツを買ってあげた。一緒に昼食をとることにし、ファミリーレストランに入ったところ、陵平君はなぜか気を使って安いものばかり頼もうとしていた。父が一人暮らしになってお金に余裕がないであろうに、高い服を買ってもらったことで、遠慮しているようだった。隆志さんが「そんなことないよ、好きなものを頼みなよ」といくら言っても、「これが食べたい」と、一番安いきつねうどんを指差した。この子どもらしい気の使い方が陵平らしいな、と隆志さんは苦笑いしつつも愛おしくてたまらなかった。

私は、この時陵平君がモデルを務めた雑誌のページを見せてもらった。あどけない表情で、しかしバイクにまたがる姿は大人顔負けで、本当に格好良かった。陵平君はこの雑誌が発売されると、自分でそれを買いに行き、誇らしげに友達に見せていたという。これが、陵平君の亡くなるわずか半年前のことだったのだ。

## 野球部での体罰事件

陵平君は小学校時代にやったサッカーでは芽が出なかったことから、中学校では野球部に所属することにした。

しかし1年生の10月下旬頃、その野球部の顧問が、部員に対していわゆる『ケツバット』のひどい体罰をし、その事実が地元のメディアに取り上げられてしまったのだ。顧問はこれに激高し、かねてからあれこれと用事を言いつけたり、何かと目をかけていた陵平君だけを呼び出し、こう言い渡した。

「1年生の部員や親の中に野球部の変な噂をしているやつがいる。俺が体罰をしているとか……。そういう噂を流している奴だ。お前か？」

緊張し、ようやく首を横に振り、消え入りそうな声で「違います」と言うのがやっとの陵平君に対し、顧問は残酷にもこう言い放った。

「誰がそんな噂を流しているのか、突き止めろ。1年生全員に聞いてこい」

その日、陵平君は夕方家に帰ってくると、リビングに練習着のままひっくり返り、顔に帽子をかぶせてじっとしていた。母の目には、陵平君が悩んでいるということが一目瞭然であった。「どうしたの？」と聞くと、陵平君は「俺、やだよ。1年生みんなに聞かなくっちゃいけないんだ」と、今日野球部であった出来事を打ち明けてくれた。

母親は、「その指示は教師として、人として間違っている」ときっぱりと言い、そんな指示は口先だけで従っておいて、とぼけ続ければいいと伝えた。実際に体罰があったのなら、間違っているのは顧問であって、その間違いを他人が口にしたからといって腹を立てるなんておかしい、と陵平君に自分の意見を言った。陵平君はずっと黙って話を聞いていて、ついに「もういやだ！」と泣き崩れた。そして、もう野球部を辞めると言い出したのである。

母は、陵平君の担任に相談した。すると担任が、「あの先生は、野球部員が辞めると言っても、なかなか辞めさせてくれないようだ。2時間も3時間も、色々なことを言って慰留を迫る」と話してくれたため、一計を講じることにした。陵平君が顧問を批判して辞めると言い出したりすると、顧問がへそを曲げ、「もう野球部の指導なんか辞めてやる」と、部を投げ出してしまう可能性も考えた。そんなことになると、部員から陵平君が恨まれることになってしまう。

そこで母は、「陵平をシニアのチームに入れさせたいので退部致します」と、理由を偽って退部届を出させることにした。この作戦は、成功した。

陵平君は、こうして不本意な形で野球部を辞めざるを得なかったが、すぐに気持ちを切り替え、かねて友達から誘われていた放送部に入部した。そして、そこでもすぐに頭角を現し、2年生になると部長を任された。

## キャッチボール

陵平君が中学2年生になった夏休み、隆志さんは栃木県鹿沼市の実家の祖父母のもとに、兄弟を連れていった。この時、陵平君に乞われ、実家の庭でキャッチボールをした。隆志さんは、キャッチボールがあまり得意ではなく、さらに一人暮らしをはじめてから、運動らしい運動は一切していなかった。そのため、ひとしきりキャッチボールをすると、疲れて縁側に座り込んだ。すると、座っている膝の上に陵平君が乗ってきた。隆志さんは、「まだ、膝に乗ってくれるんだ」と意外に思った。そろそろ思春期に差し掛かっている陵平君が甘えてきてくれたことが、こそばゆくも嬉しかったのだ。

「キャッチボール、もっとやりたい！」

甘えてねだる陵平君に、隆志さんは「もう疲れたよ。腰も痛い。勘弁してくれ」と、断ってしまった。隆志さんは、この時の誘いを断ってしまったことを、未だに深く後悔し、つい涙ぐんでしまう。生きている陵平君の姿を見るのがこれで最後などとは、もちろんその時はまったく考えられなかったのだ。

## 「お菓子」と生徒指導

9月29日、中学校の昼休みのことだった。廊下を歩いていた陵平君は、不意にクラスメートからソフトキャンディーを勧められた。

中学校にお菓子を持ってくることは禁止されている。しかし、多くの友達がそれを受け取り、おいしそうに頬張っていた。

日頃は決してルール違反をしない、先生たちが『模範生徒』と目するような陵平君だったが、友達思いでずば抜けて共感性が高かった。そのため、ここで皆が受け取っているお菓子を『ルール違反だから』と断ることはできなかった。せっかくの『仲間に食べてほしい』という友達の純粋な気持ちを無碍にすることになるからだ。恐らく中学生であれば、ほとんどの子がそうするであろう。

こうして、同じ生徒からソフトキャンディーをもらった多くの生徒のうちの一人がベランダでそれを食べ、廊下に出た時、向かい側から歩いてきた生徒指導主任が、お菓子のにおいを嗅ぎつけたのだ。

「何を食べているんだ」

この学年主任は、日頃生徒から恐れられる教師だった。こうなると、蛇に睨まれた蛙と同じである。生徒指導主任は「お前、お菓子が禁止されていることは分かってるだろう。お前が持ってきたのか?」

と、威圧的な声で生徒を責めたてた。生徒は顔色を失いながら、何とか首を横に振る。

「誰にもらった？」

教師の追及に対して、言うべきか言わざるべきか、思わず後ずさる。するとそこで、始業のチャイムが鳴った。教師は、生徒を睨みつける目を離さずに、威圧するように言った。

「帰りの会で犯人を全員特定するから、仲間に伝えておけ。あとで嘘がばれてしまうともっと大変なことになるから、そのつもりでいるように」


帰りのクラス会では、担任が「他に食べた者はいないか」と強い口調で問い質し、すでに見つかってしまった友達を見捨てることのできなかった仲間たちは、次々と手を挙げることになった。この時、陵平君も正直に名乗り出た。ここで合計9名の生徒が特定され、教室の半分ほどの広さの『会議室』に集められた。そこでは12名という大人数の教師が加わり、生徒たちを囲むようにして、「他に食べた生徒はいないのか」「お菓子の包み紙の数と食べた生徒の数が合わない」などという、1時間半の『尋問』が行われることになった。生徒たちは終始、縮み上がっていた。教師らによる威圧的で執念深い『追求』により、一人、また一人と名前が挙がった。教師はその都度、その生徒を部活動まで呼びに行き、部活動を中断させられた生徒を含め、最終的には21名の『共犯者』が集められることになった。

その中学校では『ルール違反をすると奉仕活動をする』ということが決められていた。そのため21名の生徒一人ひとりが、明日までにそれぞれ「どんな奉仕活動をするのか」を自分で決めて反省文の中に書いてくるように、という指示が出されたのだ。

## 「親に言っておけ」

翌日の30日には、陵平君はあごにできていた『しこり』が悪性のものでないかを検査するため、かねて日大板橋病院を予約しており、あらかじめ学校には母親から欠席の連絡がされていた。そのため、学校から課された『反省文』の提出日には、陵平君だけが提出できないことになる。しかし陵平君は、すでに休むことは連絡済みだということもあって、「翌々日に提出すればいいだろう。先生は分かってくれるはずだ」と考えていた。

それでも、真面目で不正の嫌いな陵平君は、すでに指導を受けた29日の夜には、几帳面な字で『反省文』を、きちんと書き上げていたのである。

これで義務を果たしたという安心感もあり、陵平君はその日も、翌日も、母親に『学校で指導を受けた』という事実を伝えていなかった。禁止されていたお菓子を食べたという罪と比較すると、A4サイズのレポート用紙1枚を丁寧な字でぎっしりと埋め尽くした『反省文』には、罪を帳消しにして余りあるほどの価値があるように思えていたのかもしれない。それだけ、陵平君は犯してしまった『罪』——学校的価値における『罪』であり、仲間的価値では決して『罪』ではない——と向き合い、真摯に『反省文』を書き上げていたのだ。

30日の朝、陵平君が病院で検査待ちをしている頃、陵平君以外の20名の生徒は全員がきちんと反省文を提出していた。しかし、生徒指導教員の目には、それらの反省文がおざなりなもので、彼らには事の重大性がそれほど理解できていないように映った。そのため、教師は「さらに内省を促す措置が必要である」と考え、生徒たちに言い渡した。

「今晩、担任から家に電話をするので、家に帰ったら、ちゃんと親に『自分が何をしたか』をあらかじめ言っておけ」

生徒たちは、当然『キャンディーごとき』、反省文一枚で放免される程度の問題だと軽信していた。生徒の中には、厳しい家庭もある。学校で規則違反をして『指導』が入ったことが知られると、親からどんな仕打ちを受けるか分からない。当然、抗議したかったが、そんなことを言い出すと『反省が足りない』として、さらなる罰が与えられるかもしれない。

生徒たちは、軽々しくキャンディーをくれた生徒を、つい恨みたい気分になった。そして、昨日までは喜んでお菓子を受け取ってもらい、皆に感謝されたその生徒は、あまりの事態に顔面蒼白となっていた。こんな生徒たちの内心を、教師は一切慮ることはなかったのである。

そして、その日学校を休んでいた陵平君は、こんなことになっているとはまったく想像もしていなかった。

## 「臨時学年集会」での「決意表明」

ここから先の状況は、隆志さんの説明や残された記録などに基づくが、細部については若干想像によって補わせて頂く。

＊

その夜、不意に陵平君の家のリビングの電話が鳴った。その電話には、母が出た。陵平君は、その電話がまさか学校からなどとは想像だにできない。

「もしもし」

「新座第二中学校で陵平君の担任をしている、○○です。陵平君から、話を聞いていますか？」

「はあ。何の話でしょうか」

「陵平君が、学校で禁止されているお菓子を、他の生徒たちと一緒に食べていたことが分かり、学校で指導しました」

母は「禁止されているお菓子を、他の生徒と一緒に食べていた」と言われた時、休み時間にでも生徒たちの集団がお菓子の袋を堂々と開け、だらしなくぱくついている光景が一瞬よぎった。いわゆる『わかりやすい不良行為』だ。しかし、その光景に陵平君を重ねることは難しかった。

近頃の陵平君は、2年生になってからますます勉強やクラス委員、放送部の部長やスポーツなどに全力投球しており、休みの日には父親と一緒に千葉や茨城までオフロードバイクに乗りに行くなど、母の目から見て健全としかいいようのない充実した中学生活を送っていたからだ。

「あの……お菓子って……」

おずおずと聞く母親に、50代後半の女性担任は「ソフトキャンディーです」と答えた。「ああ、ソフトキャンディー1粒くらいのことね……」母親はそう思ったが、その言葉は飲み込んで、「申し訳ありません」と謝った。担任は、いまいち要領を得ない口調で話し続けた。

「陵平君は今日はお休みでしたから、陵平君だけ反省文が提出されていません。明日、必ず提出するように言ってください。それから、陵平君はクラス委員を務めるなど、クラスではリーダー的な子で、いわばクラスの模範となるような子です。そんな子が規則違反をしたということになれば、他の生徒への影響も考慮しなければなりません。中学としては、毅然として対処することになります」

話を聞く母親は、陵平が日頃から頑張っているがゆえに、他の子より重いペナルティが課されるという担任の言い分に、理不尽さを感じた。日頃から不真面目にしている子は、「どうせそんな子だから」と通り一遍の罰を受け、何事にも一生懸命取り組んでいる子は、「そんなことをするべき子ではないから」と重い罰を受ける。何かがおかしいと思った。

担任は、「臨時学年集会を開くので、そこでリーダー格の子、つまり陵平君が2年生全員の前で『学校でお菓子を食べたこと』について報告し、謝罪し、もう二度と過ちを繰り返さないという『決意表明』を全学年の前で行うこと」を伝えておくよう母に言い渡し、さらに、「お母さんにも学校に来てもらいます」と告げ、電話を切った。

## 「自爆だよ」

母親は電話を切った後も、なんだか釈然としない思いを持っていた。それでも、今担任から言われたことを伝えなければならないと思い、テレビを観ている陵平君に声を掛けた。

「今、担任の先生から電話があったよ」

陵平君は振り返り、ぽかんとしている。

「なんで?」

「陵平、学校でお菓子を食べたんだって?」

陵平君の顔がみるみる顔面蒼白になり、うつむいた。

「……ごめんなさい」

「臨時学年集会があるんだって。そこで、『もう二度としません』っていう決意表明をするように伝えてって言われた。お母さんも学校に行くことになった……大丈夫?」

陵平君は、見るからに痛々しいほど、沈み込んでいた。母親は「そんなに落ち込むことはないのに」とつい思い、できるだけ明るい声で言った。

「担任の先生に言われたまま伝えたけど、詳しいことはお母さんもよく分からないから、明日学校に行ったらもう一度ちゃんと話をきいてみたらいいよ。あと、自分の言いたいことはきちんと伝えた方がいいよ」

陵平君は、何も言わずにうつむいたままだった。母親は、これ以上何かを言うべきではないと考え、話を手短に終わらせて部屋を出た。それだけ、本当にたいしたことではないようにしか思えなかった。

その後、陵平君は、テレビのある部屋と自室とを何度か行き来していた。本当に落ち込んだ時にはベッドでじっとしている子だから、大丈夫そうだな、と母親は思った。

＊

「お母さん、なんか『ドスン』って、すごい大きな音がした。何かが下に落ちたみたいな音だった」

陵平君と話をしてから約40分後、陵平君の兄が、居間にいた母親のところに伝えに来た。母親は妙な胸騒ぎを覚え、陵平君の部屋に入った。

――いない。

反射的に陵平君の名前を呼びながら家中を探し回ったが、どこにもいない。玄関を出て、マンションの廊下の10階となる手すりから不意に下をのぞきこんだ母親は、その光景を見て心臓が止まるかと思った。

先ほどまで、部屋で宿題をしていたはずの陵平君が、その時の恰好のままで、寝転がって空を見上げるような形で地面に横たわっていたのだ。一瞬で、陵平君が飛び降りたことを理解し、何度も足をもつれさせながら、外階段を走り下りて陵平君のもとに急いだ。

陵平君の部屋の机の上には『反省文』が置かれており、床には大学ノートを1枚破って書かれた

『遺書』のような紙が置かれていた。しかし、母親は動転していて、このことにまったく気づいていなかった。これらは、通報を受けて駆けつけた警察官によって発見された。

「死にます　ごめんなさい　たくさんバカなことして　もうたえきれません　バカなやつだよ　自爆だよ　じゃあね　ごめんなさい　陵平」

遺書と思しき紙辺には、乱れた文字で書き殴られていた。そして机の上にはもう一枚、学校に提出するために書かれたであろう、几帳面な字でびっしりと綴られた反省文が置かれていた。そこには、お菓子を食べてしまったことについて「今思えば本当にバカなことをしてしまったなと思います」と書かれている。

「おかしを食べている人は二学期に入ってから少し見かけていましたが、一度も注意をしませんでした。議長で中央委員で部長で班長でみんなにたくさんの仕事をまかされている自分が注意一つできなくて、ついには自分自身が食べてしまったのが情けないです」

陵平君は、学校で色々な『長』のつく役目を果たし、仲間たちから『リーダー』と呼ばれて頼られる存在であった。教師らからも、『責任感が強く、与えられた役割をきっちりとこなす生徒』として重用されていた。『反省文』は、次の言葉で締め括られている。

「今回は先生方の貴重な時間をたくさん使ってしまって　本当にすいませんでした。今後ぜったいにこのようなことがないように気をつけて学校生活を送ります。すいませんでした」

## 真夜中の電話

その日の深夜、陵平君の父である隆志さんの電話が鳴った。出るとすぐ、元妻から「陵平が死んじゃったの！」という震える声が受話器越しに聞こえてきた。咄嗟のことに、思考が止まりそうになった。

しかし、電話の向こう側の切迫した様子からは、隆志さんが現実を受け入れる暇もなく、厳然たる事実としてとんでもないことが起きたことがひしひしと伝わってくる。告げられた病院は、朝霞台中央病院で、これまで何度か陵平君がケガなどで治療を受けたことのある病院だった。そのためとっさに、あのしこりが悪性の腫瘍で、それが原因で陵平が死んでしまったのだろうと考えた。

急いで車に乗り込むと、外は激しい雨が降っていた。とにかく車を走らせるうち、ワイパーが力強く雨を拭ってくれているはずなのに、だんだん前が見えなくなってきた。

隆志さんの両目からは、知らぬうちに涙がとめどなく流れていた。タオルで拭っても拭っても、よく前が見えない。

「落ち着け！」自分を怒鳴りつけ、信号待ちのたびに深呼吸を繰り返した。

「しっかりしろよ、こんな時に事故なんて起こすなよ！」自分の頬を平手打ちし、何とか意識をしっかり保つように努めるのが精一杯であった。

「ごめんなさい」

病院の待合室に入ると、治療室から出てきた母親が泣き崩れた。

「大丈夫だから」

やっとの思いでそう告げると、治療室に入った。そこには、真っ白なシーツの上に寝かされた陵平君の姿があった。どこにも傷一つなくきれいな顔で、眠っているようにしか見えない。震える手で頬に触れるが、ぬくもりはほとんどなく、生命を感じることができなかった。名前を呼びたいのに、声も出ない。全身は激しく震えた。

しばらくして待合室に出ると、警察官が母親から事情聴取をしていた。警察の手には、ビニール袋に入れられた陵平君の靴があった。なぜ警察がいるのだろう、とぼんやり考えたが、頭は回らない。

「陵平がマンションから飛び降りた」

そう聞いた時、隆志さんは全身の力が抜け、足元から崩れ落ちてしまった。

## 地域で評判の「いい学校」

陵平君の通っていた新座二中は、市内でも『いい学校』と言われており、部活動が盛んで、特にスポーツ関係では埼玉県内でもいい成績を収めていた。通っている生徒たちもきちんと制服を着て明るい挨拶をするような、いわゆる『荒れていない』中学校だった。しかし、『いい学校』であるために、極端な管理教育が行われていたことを、隆志さんはあとから知ることになる。後に隆志さんが『お菓子の指導』について聞いた時、2年生の学年主任は、自信たっぷりにこう説明した。

「持ってきてはいけないお菓子を持ってきていたことに対し、その都度しっかりと指導しなければ、お菓子の包み紙があちこちに落ちているような状態になる。それから、普通のお菓子からガムに移っていく。ガムを黙認していると、ガムを廊下に吐き捨てるような行動につながる。そしてガムは、タバコになる。つまり、基本的なルール違反を疎かにしていると、どんどん学校が荒れてくることにつながる」

隆志さんは、この発言を聞いて唖然とした。少しのルール違反も見逃さず、徹底的に指導し、心からの反省を促す。だが、学校は刑務所ではない。こういった管理主義的な環境にいる生徒は、常に教師の監視の目を意識しながら、息を詰まらせているのではないかと思えたのである。

隆志さんは、陵平君に行われた指導が適切であったのか、『会議室』という密室の中で、教師と生徒との間にどのようなやり取りがあったのか、どうしても知りたくて、学校側と何度も交渉を行った。しかし、行事などを理由にしてのらりくらりとかわされてしまう。臨時保護者会での説明も「調査中である」という言葉に終始し、なぜ陵平君があのような遺書を遺して自らの命を絶たなければならなかったかという、遺族にとって何よりも知りたいことは、うやむやにされていった。

そして、陵平君の死が新聞やテレビで報道されるようになった。隆志さんは、その時知り得た限りのことを、メディアに情報提供した。学校側が一切の説明を保護者たちにしないため、保護者たちも情報をほしがっていたのである。

## ＰＴＡ合同委員会でのバッシング

12月19日、新座二中で各学年のＰＴＡ役員や校長を含む学校関係者が意見交換をする合同委員会が開かれた。陵平君の母も、広報委員として出席せざるを得なかった。そこで冒頭、陵平君の死に関する報道について、ＰＴＡ会長から苦言が呈されたのである。

「ＰＴＡといたしましては今まで同様、いささかも揺らぐことなく、学校を全面的に信頼してまいりたいと思います。また、保護者の皆さんも賢く、聡明になって頂きまして、それこそマスメディアに捏造されたものは、一体なんなのか？　これは正しいのか正しくないのか、それが分からないような保護者であっては、私はいけないと思っております」

この発言を受け、別のＰＴＡ委員はこう発言した。

「まず、第一に申し上げたいのは、この二中はこの辺では本当に誇れるくらいにいい学校だと思います。（拍手）このことにつきまして学校がとった処置は正しいと思います。（拍手）毅然として頂きたいと思います。何で、マスコミにこんな報道が流れたのか。全国放送垂れ流しです。私は本当に頭にくるのです。ご自分たちの問題でしょう。どうして、子どもたちまで巻き込まなくちゃいけないんでしょうか？」

拍手とともに、陵平君の母に対して無遠慮な冷たい視線が一斉に向けられる。『学校がとった処置』が、具体的にどのようなものであったのかの詳しい説明が一切ないままに、遺族が取材に応じた内容は『捏造』だと一方的に糾弾される。しかし、そこで遺族が話した内容は、本当に最小限の、その時にきちんと裏づけの取れた『事実』であり、何らの誇張も憶測も交えていないのである。

この時のバッシングがショックで、陵平君の母は体調を崩してしまった。

**「こんなに起きているんだ」**

隆志さんは、自殺という形で命を失ってしまった陵平君を、「なんてバカなことをしたんだ」、「なぜ一言の相談もなく死んでしまったんだ」と、責めていた。しかし、2週間ほど経った頃から、「陵平を責めるのは違うんじゃないかな」と思うようになった。あの陵平は、苦しくてくじけるようなタイプの子じゃない。だから、最後の最後まで絶対に生きようとしていたはずだ。何とかしようとしていたはずだ。何とか生きたかったのに、どうにもできなくなってしまったんじゃないか。

「あの陵平をそこまで追い詰めたのは、一体何だったのか」ということを、父親として確かめなければならないとの考えに至ったのである。

＊

２００４年11月、隆志さんは安達和美《あだちかずみ》さんと初めて会った。安達さんは、２０１６年に私が『学校事故・事件を語る会』で「日体大でお話しくださる方」と呼びかけた際に、真っ先に手を上げてくださった方の一人である。

安達さんの次男、雄大《ゆうだい》君は、中学２年生の３学期に、掃除の時間に友達にライターを見せているところを担任に見つかり、90センチ四方というとても狭いトイレの掃除用具入れに連れ込まれて注意を受けた。その際にポケットからタバコが出てきたため、さらに放課後、窓にアルミ箔の張られた圧迫感のある『多目的室』に連れていかれ、担任からのさらなる指導を受けた。そこでは、他にタバコを持っていた友達の名前を挙げさせられている。担任は、家庭訪問をして両親にこのことを報告すること、今から学年主任を連れてくることを言い渡して、いったん多目的室を出た。その時雄大君は、数学のノートに『オレにかかわるいろんな人　いままでありがとう　ほんとにありがとう　○○（名前を挙げさせられた友達）、りょうしん、他のともだちもゴメン』という遺書のような走り書きを残した。そして多目的室に入ってきた学年主任に「トイレに行きたい」と告げ、そのままトイレとは反対方向にある４階の手洗い場の窓から飛び降り、自殺した。陵平君と同様、『指導』が死のきっかけとなったことは明らかである。安達さんは雄大君の死は教師らの不適切な指導が原因であるとして民事裁判を提起し、棄却されたものの、判決では指導と自殺との間には事実的因果関係があるということが、はっきりと認められた。

隆志さんは、この出会いで初めて、自分と同じような遺族が存在していることを知った。

さらに2006年2月、隆志さんは誘われるままに、前出の宮脇健斗君の父、勝哉さんたちが主催する『学校事故・事件を語る会』に参加してみた。すると、同じような境遇――わが子が学校で指導を受けた直後に命を絶ったという経験――を持つ遺族が、さらに2組もいたのだ。

まず、西尾健司《にしおけんじ》君の事例。健司君は、高校1年の2学期末試験の最終日、採点していた教師からカンニングへの協力が疑われるとして、教師4人からの叱責を受けた。7日間の謹慎処分とされ、試験は8教科0点とされた。謹慎中は毎日、担任や生徒指導の教員が家庭訪問し、その日の行動記録と反省文を書くことが義務づけられた。さらに謹慎が解かれた日には、全教員への謝罪と春休みまでの約3カ月間、日記提出が義務づけられている。友達からの頼みをどうしても断りきれずに試験の答案を見せたのであったが、教師は健司君の言い分をまったく聞こうとせず、過剰な処分を科したのである。健司君は反発を覚え、反抗したくなっていたのであろう。3学期の終業式後、トイレで喫煙していたのが見つかったのである。この時の『指導』はことさら過酷なもので、複数の教師から次々と「君は教師も両親も裏切った。人を裏切ることがどんなにひどいことかわかっているのか?」「この学校へ君は何をしに来たんだ。少しぐらい頭が良くたって、それが何になるんだ」「1年に二度も処分を受けるなんてわが校はじまって以来の不祥事だ。今度何かあったら、学校を辞めてもらう」などと厳しい言葉で叱責された上、無期限自宅謹慎が言い渡された。そしてその翌日となる深夜1時頃、親友が住む13階建てマンションの屋上から飛び降りて亡くなった。

次に、井田将紀《いだまさき》君の事例。将紀君は、高校3年時の中間試験で、物理の試験中に日本史のメモを見ていてカンニングを疑われ、試験後に五人の教師が入れ替わり立ち替わり、狭い視聴覚準備室で約2時間の事情聴取を受けた。「試験とは違う科目のメモを持ち込んだだけで、カンニングは一切していない」と本人が否定しているにもかかわらず、教師らはカンニングであると決めつけた。指導の最後に、教師は今夜家庭に電話すると伝えた上で、「今回のことを反省して、これをステップにしてしっかり頑張るんだぞ」と結んでいる。いったん帰宅した将紀君は家を出て、隣町のマンションの立体駐車場から飛び降り、死亡した。

*

隆志さんは、この2家族の話を聴いて、「ああ、こんなに起きているんだ」と思うと同時に、「探せば、もっと起きているに違いない」と確信した。そして、この問題を掘り起こして社会問題として提起し、同じような不幸な子どもを二度と出さないようにするためには、『学校からの指導によって子どもが死に追い詰められる』という現象に名前を付ける必要があると考えた。

それは、同じように子を亡くした遺族がお互いの経験を話すうち、「子どもの自殺のことを、人に話して理解してもらうことがとても大変だ」という実感を共有していることに気づいたからだ。「子どもが悪いことをしたから指導を受けたのに、なぜ学校や先生が悪いことになるのか」、「先生だって悪気があったわけではないのだから」、「指導されたくらいで、なんで自殺するのかわからない」、こうした反発が必ず出てくるのである。

例えば『いじめ自殺』なら、いじめによって子どもが追いつめられるということを世間が認知してくれているため、余計な説明は必要ない。その言葉を聞いた人は、問題をはっきりと理解してくれる。

そこで隆志さんが考え出したのが、『指導死』という言葉である。

## 「指導死」

闇に葬られているであろう事例に光を当てるために『指導死』という言葉を作った以上、次にはその定義が必要になってくる。隆志さんは、指導死を『教師の指導をきっかけにした子どもの自殺』として、次の４つの定義を提唱する。

1．不適切な言動や暴力等を用いた『指導』を、教員から受けたり見聞きしたりすることによって、児童生徒が精神的に追い詰められ死に至ること。
2．妥当性、教育的配慮を欠く中で、教員から独断的、場当たり的な制裁が加えられ、結果として児童生徒が死に至ること。
3．長時間の身体の拘束や、反省や謝罪、妥当性を欠いたペナルティー等が強要され、その精神的苦痛により児童生徒が死に至ること。
4．『暴行罪』や『傷害罪』、児童虐待防止法での『虐待』に相当する教員の行為により、児童生徒が死に至ること。

陵平君や安達雄大君、西尾健司君の場合のように、「学校で禁止されているお菓子を食べた」「タバコを持っていた／吸っていた」など、きっかけが子どもの側の落ち度であると、『学校は間違ったことをしていない。悪いのは指導されるような悪事をした子どもの側にある』という先入観によって『間違っているのは遺族だ』という心ない非難や中傷がされがちである。しかし、だからといって、その過ちをもって教師が子どもの人格を否定し、見放してしまうような対応を取ることは許されてはならない。

また、井田将紀君のように、やってもないことについて問い詰められ、一切言い分が聞き入れられなかった上で反省を促されたなら、子どもは『先生から一切信じてもらえない』という理不尽さに打ちのめされ、教師を、大人を信じる力を失ってしまうだろう。

子どもにとって、学校は社会の中心であり、大切な居場所なのである。そこで最も力を持つ大人である教師に見放されてしまうと、未来が閉ざされたような気持ちになり、どうしようもない絶望感にとらわれるのではないだろうか。

もちろん、隆志さんたち指導死の遺族は、「教師は生徒を指導するな」と主張しているのではない。「子どもを死に追い詰めるような指導をしてほしくない」と願っているのである。だからもう、自分たちのような辛い思いをする家族を作らないためにも、学校にとって有利不利を問わず『何があったのか』、『どういう状況で、どんな言葉をかけたのか』などの事実をすべて明らかにし、再発防止のための検証が行われる必要があると考えているのだ。

しかし学校側は、同様の事案が発生しても、『生徒指導は正しく行われている。したがって生徒の自殺は指導とは無関係である』との姿勢を崩そうとしないため、十分な検証が行われてきていなかったのである。そのため、指導死の教訓が現場に生かされることはなく、同様の子どもの自殺が起き続けている。

## 「指導死」としての桜宮高校バスケットボール部主将自死事件

２０１２年、大阪市立桜宮高校バスケットボール部の主将が、顧問からの体罰や暴言などを含む部活指導によって心理的に追い詰められ、自殺した事件が大きく報道された。事件が起きた時から、その顧問は日体大出身者であり、常日頃から勝利至上主義・根性論的な指導を行っていたということが盛んに取りざたされていた。

私は当時、前の大学の教員であったが、草野恵さんの事例もあったことから、『日体大出身の体育教師は、体罰をして恐い』という印象をさらに強くした覚えがある。このケースは、隆志さんが挙げた指導死の定義の1番目と4番目にある、暴力を用いた『指導』によって追いつめられたという、典型的な事例といえるだろう。

実は、桜宮高校バスケットボール部の元部員で、自殺した主将の2年先輩にあたる谷豪紀《たにごうき》さんにも、

２０１８年の本学の研修会にご登壇頂いたことがある。

谷さんは、自殺した生徒について「本当に性格もよく、バスケットボールのセンスも抜群、家族も素晴らしい人たちで、自殺するような子ではなかった」とし、同生徒が死を選んだ理由を「自分を迫害してくる教師が『間違っている』と告発するため」であったのではないかと語ってくれた。

実は、こうした動機は私にもよく理解できる。私が小学校低学年の時、通っていた学童保育の先生が、生徒がルール違反をするとヒステリックに皆の前で長時間罵るタイプの人物であった。私は叱られている最中、いつも痕がつくほど強く舌を噛んでいた。子どもなりに「舌を噛み切ったら死ぬ」という知識を持っていて、やがて歯が舌を噛み切り、血を吐きながら倒れたとしたら、「この先生は自分の叱責が間違っていたと後悔してくれるのではないか」と、よく考えていたのである。こんなに幼い子どもでも、「自分の死をもって相手に後悔させたい」と考えるのだ。

また、前節で紹介した山田恭平君のケースは、体罰や暴言を含む指導によってうつ状態になり、やがて死に追いつめられたものである。

それ以外にも、高校2年生のラグビー部員の生徒が、常軌を逸した厳しい練習に強いストレスを感じており、それでも部を辞めることができず、合宿の日の朝に自殺したというケースもある。この生徒の仲間は、生徒がある時期監督たちから『ハメる』という、一人だけ見せしめのように皆の前で集中的に怒られたり、殴る蹴るの暴行を受けていたと証言している。

『はめる』『ハマる』という言葉は、2018年に発覚した日本大学アメフト部の危険タックル事件の際にも、指導者らが行っていた『一人の選手を追い込む』不適切な指導方法として報道された。

部活動が学校生活の中心となっている生徒にとって、部活動で精神的・肉体的に受け続ける苦痛は、やがて精神を蝕み、死を選ぶ動機にもなり得る。このことは、世間的にも理解を得やすいであろう。

しかし同様のことは、部活動以外の場面であっても、毎日顔を合わせる生徒と教師の間の『人間関係の変化』によっても起きうるということを知っておくべきである。その『変化』が、生徒にとって絶望を意味するものであったとすれば、生徒は生きる希望を、気力を失くしてしまうのだ。

だからこそ、生徒が間違ったことをして指導をする場面では、一方的に『悪い子』と決めつけて懲戒するのではなく、十分に生徒の言い分を聴き、教師がしようとしている指導が適切なものであるかを十分検討する必要があるのではなかろうか。

また、生徒が過ちを自ら認め、反省しているのであれば、最後に生徒が希望を持てるような言葉がけをすべきだ。例えば、「どんなことがあっても、先生は君の味方だ」、「君が大好きで大切な生徒であることは、今回のことではまったく揺るがない」、「君が大人になる上で、今回のことはちっぽけなことだ。だけど、学校には学校のルールがある。それだけを理解してくれれば、この話はここだけで終わる」、「子ども時代には、いっぱい失敗することがある。でもそれは、成長するために必要なことなんだ」など。

教師は、「ルール違反をしたら、学校は毅然とした態度で臨み、本人に深い反省を促し、二度と違反をしないことを誓わせる」という管理主義的な指導ではなく、一人ひとりの子どもの目線に立ち、その成長を促すための働きかけを行うことを心掛けるべきではないだろうか。

## 《日体大生へのメッセージ》――大貫隆志さん

教員を目指す日体大生の皆さんへ

健康であってほしい。勉強ができるようになってほしい。幸せな毎日を過ごしてほしい。たくさんの友達に囲まれ、人を大切にして、周りの人からも大切にされる人になってほしい。せめて人に迷惑をかけない人間になってほしい。おとなは、子どもたちにたくさんの願いを持ちます。その思いは、子どもの幸せを願う、ごく自然な心の動きから生まれてくるものでしょう。

でもその思いが、子どもの役に立っているか、おとなたちは一度、ていねいに振り返ってみる必要があるのではないか、と私は思っています。なぜなら、『子どものため』に行うおとなの振るまいが子どもを追い詰め、時に死に追いやることを知っているからです。

『子どものため』を考えておとながしていることのうち、どのくらいが子どものために役にたっているのでしょうか？　もしかすると、おとなが一方的に『子どものため』と思っているだけかもしれません。子どもを思っているつもりのエゴかもしれないし、正しさの押しつけかもしれません。

携帯サイトの掲示板に、同じ学校の生徒の誹謗中傷を書き込んだと曲解され「おまえの罪は重い、死ね」と教員に言われ、命を絶った子どもがいます。クラスメートをいじめたと勘違いされ、指導を受け謝罪を強要され、命を絶った子どももいます。いわばえん罪。学校が『子どもの言い分を丁寧に聞き取る』ことをしていれば、死なずにすんだはずの子どもたちです。

まずは事実確認を丁寧に行うこと。その上で、指導に値するような子どもの振る舞いがあったのならば、どうしたらよかったのかを教員と子どもとで『ともに』に考えていくことが望ましい対応のはずです。しかし学校での指導は、教員から子どもへの一方通行で行われることがほとんどです。その結果、『子どもとともに』という立ち位置とは正反対の、無自覚で自動的な指導を行ってしまうのです。

おとなが『子どものため』に行うことは、『子どもとともに』行うことを忘れれば、子どもの利益を奪いかねないことを、おとなはあらためて自覚しないといけないと思います。子どもを大切にする学校の実践を見ると、手間ひまをかけて子どもの意見を吸い上げていることが分かります。

これから教職の場へと向かう皆さんには、『子どものため』という思いを丁寧に持ち続け、本当に『子どものため』になることを続けていっていただきたいと願います。

## 《日体大生たちの感想》

・活発な子どもでもストレスは私たちが思っている以上に大きいものになると感じた。子どもの問題行動の指導は、もっとやり方を考える必要があると思った。

・教員の過度な指導による自殺、指導死の重大さがすごく伝わってきた。なぜ起こってしまうか。教員の懲戒権の濫用や両親からの教えに対して忠実に生きていく子どもの真面目さゆえの結果でもあると学んだ。〝生徒のために〟という外から見たらキレイな言葉でも、意味をはき違えたら本当に大きな問題になる。〝生徒とともに〟という生徒に寄り添うことが大切だと思った。一方で私が感じたのは、子どもの軟弱化というのも多少背景にあるのではないかと思う。その原因には過保護な親たちの存在もあると思った。

・指導死という言葉を初めて聞いた。子どもというのは、とても繊細な心を持っていて、大人には理解しにくい部分も多くあると思っている。大したことないだろうという考えは間違っている。子どもの立場になって、もし自分がその指導を受けたらどう感じるか、どう思うのかを考えて、教員は指導に当たるべきだと思う。

・死なせたいからいじめるのではなく、こうしてほしいという先生の強い思いから逆に生徒を追い詰めてしまったという話を聴き、自分がもし先生になったら大丈夫なのか、と思いました。生徒たちにこういう人間になってほしい、こんな大人に成長してほしい、という思いが、誰にでもあると思います。ですが、人はそれぞれで、色んな人がいて、できることとできないこと、やりたいこととやりたくないことがあり、何でも押しつけてはいけないと思いました。子ども一人ひとりをしっかり見て、支えてあげられる先生になりたいです。

・指導者とは、子どもの命を預かり、人生を大きく左右させる存在であると考えています。そんな存在である自覚と責任の低下が今回の指導死や体罰を生み出していると考えます。自身が放つ言葉や行動は子どもたちに大きな影響を与え、最善にも最悪にも導くのであって、それを自覚した指導者が必要であると考えます。

・学校教育の中で、小さなミスに対しても教員は大きなことのように子どもをすごく怒ることがあります。生徒の言い分も聞かず、長時間拘束し、怒り続けます。学校は教員よりも生徒のためにあるものなのに、そのようになっていないことがあり、私自身も不満に感じることがありました。指導をするのもいいけど、生徒がどう思うかということを配慮すべきだと思いました。生徒それぞれの性格を把握した上で、指導後のフォローをしっかりしていくなどで、防止することができるのではないかと思いました。

・息子さんはリーダーと呼ばれるくらいしっかりしていて責任感があるからこそ、自分が期待に答えられなかったのが苦しかったんだと思います。部長や生徒会役員を務めるようなしっかりした人が最後に死を選んでしまうなど、あってはなりません。懲戒権とリンチをしっかりと分けて考えないと今後も生徒が自殺してしまうかも知れません。指導者の指導をすべきだと思いました。

・大貫さんが言っていた『子どもとともに』という言葉に、とても感銘を受けました。大人と子どもには大きな立場の差があるのですが、それを取っ払い、対等な人間として、子どもの意見や考えを聞いてあげてほしい。私はそういった先生、指導者を目指すと決めました。私は小さい頃に、立場の差を見せつけられて悔しい思いをしたことがあったので、そんな思いを生徒にさせたくないと思いました。『子どもとともに』を意識することで、小さな変化にも気づくことができるのかなと思います。

case file 7

「いじめから友達を守れなかった」悔しさから命を絶った

# 篠原真矢《しのはらまさや》君

篠原真矢君も、大貫陵平君と同様、部活動事故の犠牲者ではない。真矢君は、学校でのいじめを原因として自らの命を絶った。しかし、彼は『自分へのいじめを苦にして』命を絶ったというのではない。『いじめから大切な友達を守れなかった』自分のことが悔しくて、死を選んだのである。

私が本書で真矢君の事例を取り上げようと考えたのは、真矢君のような優しい子どもをいじめという残酷な行為で亡くすことがないようにしたい、ということはもちろんであるが、死という悲しすぎる事態によって繋がった縁、絆を通じて、一人の子どもの『命の重さ』を知って頂きたいと考えたからである。

学校で子どもが亡くなった時、遺族たちは、わが子の命の扱いが軽すぎることに、しばしば愕然とする。いじめ等で子どもが亡くなった後に立ち上げられる第三者調査委員会の役割、あり方についても、考えるきっかけとしてほしいと願っている。

# 美しすぎる遺書

お父さん、お母さん、お兄さん、お婆ちゃん、先立つことをどうかお許しください。

俺は、『困っている人を助ける・人の役に立ち優しくする』それだけを目標に生きてきました。

でも、現実は人に迷惑ばかりかけ、Ａのことも護れなかった……。

それに俺には想い出が多すぎました。

こんな俺が、人並みに生きて、友達を作って、人生を過ごしていく……そんなことがあっていいはずないんです。

俺がいて不幸になる人は多勢いる。それと同時に俺が死んで喜ぶ人も多勢いるはずです。

でも、俺はAをいじめた、●●、●●、●●、●●を決して許すつもりはありません。

奴等は、例え死人となっても、必ず復讐します。

でも、この十四年間楽しいこともたくさんありました。

春は桜が出会いを運び　夏は花火が夜空に消えて
秋は紅葉が空をも染め上げ　冬は白雪が乾いた心を潤す
季節が過ぎていく中で色々ありました。それがすべてが想い出となって心に残っています。

家族のみんなにはお願いがあります。

一つは、自分たちをどうか責めないでください。

俺が死ぬのは家族のせいじゃありません。俺自身と、Aをいじめた連中が悪いんです。

大丈夫。ある日は日の光となり、ある時は雨となって、あなたたちの心の中で生きています。

だから哀しまずに、俺の死を糧として、全力で生きていってください。

二つは、俺の臓器が無事だったら、それを売ってお金にしたり、お婆ちゃんや爺ちゃんの治療に使ってください。それが俺にできる唯一の罪滅ぼしだから……。

そして赤青のバッティング・グローブは形見にしてください。

今まで本当にありがとう そしてさようなら。

～君がため 尽くす心は水の泡 消えにし後は 澄み渡る空～


この遺書を初めて読んだ時、強い衝撃を受けた。前半の『自嘲と怒りの表明』部分と、後半の『思い出を語り、遺された人たちを思い遣る』情緒的な文体とのコントラストは凄まじい。遺書でありながら取り乱した部分は一切なく、まるで武士のように、凛としたたたずまいを見せている。武士――まさに、遺書の最後には、『人斬り以蔵』と呼ばれた、岡田以蔵の絶世の句が引用されている。

これが、死を決意した中学3年生の少年の境地かと考えると、失われたものの計り知れぬほどの大きさに、ただ愕然とする。もっと生きて、その繊細で美しい心を、豊かな感性をずっと磨き続けてほしかったと、どうしても悔やまずにはいられない。

## 友達思いの愛されキャラ

真矢君は、1995年7月23日に生まれた。2，200グラムの未熟児だった。ギリギリで保育器に入ることは免れたが、父である宏明《ひろあき》さんも母の真紀《まき》さんも、「大丈夫。すぐに大きくなる」と思っていた。3年前に生まれていた兄も、出生体重がわずか1，600グラムしかなかったのに、病気一つなくすくすくと育っていたからである。そして真矢君は、両親の予想通り、ぐんぐんとミルクを飲んでくれ、健康そのものでどんどんと身体が大きくなった。

真矢君は穏やかでいつもニコニコしている子で、不思議と周りに人が集まった。常に多くの友達の中心にいたため、保護者たちは子どもたちの集まりを『真矢教』と呼んだくらいだ。

真矢君は、幼い頃から、〝おかしい〟と思ったことには黙っていられない、正義感の強い性格であった。小学校時代、校長先生がぞんざいな言葉で生徒たちを叱った時、「校長先生がそんな言葉遣いをしていいんですか?」と抗議し、のちに校長からの謝罪を受けたという痛快なエピソードも残っている。

また真矢君は、親から見ても不器用な子で、小学生低学年の時に1年間だけ地元のプロサッカーチームのジュニアに所属したこともあったが、どんなに頑張ってもうまくならない。ある日小学校の行事の中で、サッカーを習っている子どもたちが「つま先インステップ」(つま先で行うリフティング)を披露する機会があった。他の子が格好良くスマートにやっている中、真矢君は不自然に両手を広げながら、見る者をハラハラさせるような不格好な演技を披露していた。もちろん、真矢君は真剣そのものである。そんな姿は愛嬌たっぷりで、子どもたちはもちろん、見守る保護者たちも涙を流さんばかりに笑い転げ、惜しまんばかりの声援が送られた。その日のスターは、満場一致で真矢君となった。

このエピソードによく現れているように、真矢君の『不器用でも絶対にめげずにやり遂げる』という姿勢は多くの人たちの共感を呼び、『愛されキャラ』として誰をもとりこにしたのである。

小学4年生の時、隣人に誘われて地元の野球チームに所属した。宏明さんの影響で、幼い頃から阪神ファンだった。野球でも不器用さは相変わらずでベンチウォーマー。しかしたまに代打で打席に出してもらった時には、誰よりも大きな声援を受け、凡打に終わっても皆の拍手と笑顔に迎えられた。

中学校入学後には野球部に所属し、やはりレギュラーではなかったが、『声出し番長』と呼ばれるほど、誰よりも一生懸命仲間にエールを送る少年だった。野球部のかたわら、生徒会の役員も務めた。

真矢君は誰よりも友達思いで、「シノ、シノ」と呼ばれて、いつも多くの仲間に囲まれていた。

## 友達へのいじめ

しかし、2年生の5月になると、楽しい中学生活が一変する。真矢君が小学校の野球チームの時から仲のよかった、本当に大切な友達であるA君が、4人の生徒からいじめを受けるようになったのだ。A君は真矢君と同じ中学校に進学したが、野球は部活動ではなく、地元のクラブチームで続けていた。そこで一緒だった同級生二人組がそのチーム内でA君をいじめはじめ、その延長として中学校で2人の加害者が加わり、本格的にいじめられるようになったのである。クラスの中では公然と、A君に対して殴る蹴るの暴力がふるわれ、聞くに耐えないような暴言が授業中でも遠慮なく浴びせられていた。

実は、真矢君は中学校に入ると同時に、反抗期を迎えていた。宏明さんはこの頃、単身赴任でほとんど家に帰らない状態だったので、真紀さんは真矢君との向き合い方に難しさを感じていた。

そんな矢先、真矢君は真紀さんに「友達がいじめられている」と、打ち明けてくれたのだ。

「誰？　真矢と仲のいい子？」

うなずく真矢君に、真紀さんは一人ずつ知っている子の名前を挙げていった。A君の名前が出た時、真矢君は「うん」とうなずき、両目からぼろぼろと涙を流した。

「あんないいやつをいじめるなんて、許せない」

本当に苦しそうな真矢君の表情を見て、真紀さんは「本当に間違っていることだと思ったのなら、クラスの他の子たちと一緒になって、戦いなさい」と言った。すると真矢君は不意に顔を上げて、「うん」と嬉しそうに答えた。

この時のことをふり返り、真紀さんと宏明さんは「この時のアドバイスは間違っていたんではないか」と、後悔の念を口にする。もしかするとこの時、すでに真矢君は4人に文句を言っていたのかもしれない。あるいは、このアドバイスに意を強くして、A君を助けに入ったのかもしれない。いずれにしてもこの時期、真矢君は勇気を出してA君へのいじめを止めに入っていた。そして、いじめのターゲットが真矢君に移ってしまっていたのである。真紀さんは、苦々しげに語る。

「安易に『戦え』なんて言うべきではなかった。相手が圧倒的に強い立場にあるのなら、子どもに解決を任せるのではなく、大人が出ていくべきだった」

## 「いじり」

加害生徒たちが『いじり』と呼んでいた、真矢君に対する仕打ちは、実際には、殴る、蹴る、馬乗りになる、プロレス技をかける、名前を呼んで振り向いた時にビンタする、4人で羽交い締めにしてズボンやパンツを脱がすなどの、凄まじい暴行であった。

それでも加害生徒たちは「篠原は、いじられキャラだから」と周りに公言し、ひきつった笑顔で応える真矢君の姿を見て、教師を含めた周りは、それをたしなめることも助けることもしなかった。後に、こうした真矢君の様子を見たクラスメートの中には、「笑っていたけど、つらそうだった」と振り返る声もあった。

真矢君は、こんな過酷な状況にありながら、「俺があいつらと仲良くしなきゃクラスがまとまらない」と、強がっていたという。自分さえ我慢すれば、大切な友達であるA君がターゲットにされることはないと考えていたのであろう。

この頃の真矢君の様子は、同じ野球部でクラスは違うものの、とても気の合う仲間としていつもつるんでいたK君にも、別の友達を通じて入ってきていた。しかし、野球部で会う真矢君はこれまでとまったく変わらず明るかったこと、『愛されキャラ』であった真矢君の『いじられエピソード』という形で笑い話として伝わってきていたことなどから、あまり深く考えることはなかった。『パンツを脱がされた』というエピソードですら、笑いながら聞き流していたという。

しかし、真矢君のこの地獄のような日々は、不意に終わりを迎える。3年生になると、真矢君はA君、K君と同じクラスになり、そのクラスには加害生徒のうち2人が残っていたものの、真矢君に対するいじめは自然消滅したのである。

それでも彼らは次々とターゲットを替えながら、いじめを繰り返していた。

## 「教科書事件」

かつて真矢君をいじめていた加害者2人が立候補し、体育祭でクラスの応援団長と副団長になることが決まった。応援団長は体育祭の華であり、男子であれば誰もが憧れていた。

その夜、真矢君はK君に、「応援団長は人選ミスだ」「あいつ、キモくて嫌だ」というメールを送った。K君は、2年生の時に真矢君がこの2人にいじりと称するいじめを受けていたことを知っていたので、「俺もそう思う。でも、気にするな」という、当たり障りのないメールを返した。

そして体育祭の日、クラスの応援は大いに盛り上がり、真矢君のクラスの応援が最優秀賞をとった。

応援団長を務めた生徒はクラスのヒーロー扱いとなり、クラスメートの中でも、担任からさえも『特別な存在』としてもてはやされるようになった。

真矢君は、自分に対してあんなにひどいことをしただけでなく、陰でまだ別の生徒をいじめているような最低の人間が人気者になり、クラスで偉そうに君臨していることが、たまらなく許せなかった。そして気がつくと、その生徒の教科書をカッターでずたずたに切りつけてしまっていたのである。

その日の放課後は、クラスの有志が集まって体育祭で最優秀賞をとったお祝いをすることになっており、真矢君とK君も参加した。会は大いに盛り上がってお開きとなり、二人は連れ立って帰路についていた。その時真矢君は、不意に思い詰めた顔で、「応援団長の教科書をカッターでズタズタに切った」と、K君に告白した。それを聞いたK君は驚いたものの、すぐに真矢君の気持ちを察し、「お前の許せないって気持ち、分かるよ」と声をかけた。

翌日、その生徒は切り刻まれた自分の教科書を見つけ、怒り狂った。そして、すぐに犯人捜しをはじめたのである。クラスメートたちは、日頃からその生徒とそりの合わない真矢君が犯人ではないかと噂した。

そして、真矢君はあの4人組から呼び出されて問い詰められたのである。この時、真矢君は素直に「自分がやった」と白状した。そしてクラスは、「クラスの功労者にひどいことをした」と真矢君を非難する声と、「あいつなら、やられて当然だ」と、真矢君を擁護する声とで二分された。

真紀さんは、担任の女性教師からの電話で、この一件について知らされた。この担任はさも他人事のように、「まあ、積もり積もったものがあったんではないでしょうかね」と言った。担任のこの言葉に軽い違和感を覚えながらも、その生徒の教科書代を弁償すると申し出て、謝罪した。実は真矢君は、担任に「親にだけは言わないでほしい」と懇願していたのだ。そのため、真紀さんが担任からの連絡を受けたことを伝えると、真矢君はボロボロと泣きながら「知っちゃったかー！」と言った。その時真紀さんは何となく、その相手はA君をいじめていた子だったのではないかと思った。

「気持ちはわかるけど、やり方を間違えちゃったね。隠れて教科書を切るなんて、相手からすれば誰からやられたか分からないじゃない。文句があるのなら、相手に直接言わなきゃ」

できるだけ柔らかく言ったつもりだったが、真矢君は真紀さんの目を見据え、こう言った。

「お母さんは偽善者だ。俺が全部悪い」

真紀さんは真矢君の『偽善者』という強い言葉にドキッとしたが、どういう理由があっても人の嫌がることをするのは悪いことだと、真矢なりに反省しているのだろうと考えた。昔から、どんな問題があっても親が学校に行くことを嫌がり、自分のことは自分で解決したがっていた。

真紀さんは、「言いたいことはきちんと言わないと相手に伝わらないよ」と言って、新しく買ってきた教科書を真矢君に渡すしかなかった。

次の日学校から帰った真矢君は、真新しい教科書を渡したことを報告した。言いたいことはちゃんと言ったのかと問う真紀さんに、「あいつらには何を言っても無駄だ。形式だけ謝っておいた」と、吐き捨てるように答えた。

真矢君は恐らく、『クラスの人気者になったとしても、お前に対して恨みを持っている人間が近くにいるんだ』という、警告のつもりで教科書を切り刻んだのではないかと考えられている。しかし、自分が思い描いていたような、『相手に自省を促す』という結果は得られず、むしろ自分がクラスメートから『卑怯者』と見られたに過ぎなかったという現実を突きつけられ、煩悶していたのであろう。幼い正義感から発したこの衝動的な行動が、『あるべき自分』と『実際に自分がやっていること』とのギャップとして、真矢君を苦しめるようになった。『自我の危機』が訪れてしまったのである。

## 最後のSOS

真矢君は、苦悩する日々を過ごしながらも、そんなそぶりを家庭では一切見せることなく、つとめて明るく振る舞っていたのである。

しかし、いくつかのサインはあった。真矢君の部屋のカレンダーには、それまで細々と几帳面に予定が書き込まれていたのに、死を選ぶ2カ月ほど前、3年生になった4月から突然、何も書き込みがされなくなっていた。明るい未来が描けないような絶望の淵に、徐々に追い込まれていったことを表していたのかもしれない。

教科書事件が起きた直後頃から、真矢君はインターネットで自殺の方法を検索している。そして死を選ぶ9日前の2010年5月29日、自殺に用いるための薬剤を、両親に知られないよう購入した。その前日は、真紀さんの誕生日をともに祝っていた。真紀さんが「次の誕生日は真矢だね」と問いかけると、「俺はイチゴのケーキがいいな」と、無邪気に答えた。しかしその一方で、この時にはすでに自殺を決行する日を決めていた様子もうかがえる。

「お母さん、来月の7日と8日って、仕事?」と、その日真紀さんが家にいないことを確認している。6月7日は修学旅行の代休の日で、真矢君やK君を含めたクラスの仲良しメンバーでカラオケに行くことになっていた。

しかし当日、約束の12時を過ぎても、真矢君は現れなかった。仕方がなく、真矢君抜きでカラオケを楽しむことになったが、実はその時間、真矢君はK君と他のクラスメート15人に、遺書ともいえるメールを次々に送っていたのである。K君へのメールが一番最初で、受信時刻は12時43分だった。

今までありがとう。
悪いけど今日のカラオケには行けそうもない。
そしてもう逢うこともないと思う。
もう恨んでないよ。
むしろ巻き込んでしまったことを本当にすまないと感じている。
本当にありがとう。さようなら。

しかしこの真矢君からの最後のＳＯＳはＫ君には届かなかった。Ｋ君は、携帯電話を自宅に置いてきていたのである。

**「絶対に扉を開かないでください」**

その日の午後４時過ぎ、真紀さんがパート先から自宅に戻った時、同居する母親が声をかけてきた。
「また、真矢がふざけて、変なことをやってるよ」

促されて見ると、トイレに1枚の張り紙がされている。

毒ガス発生。扉を開くな　即死するので絶対に扉を開かないでください。

真紀さんは驚き、すぐにドアを開けようとした。しかし、中から施錠されているようで、ドアはびくともしない。

「真矢！」

真紀さんはドアを叩いた。耳を澄ませたが、中からは何の気配もしない。しかし、絶対この中に真矢がいると確信した。ドアに何度も体当たりし、それから何か使えるものはないかと、家中を探し回った。そして、ドライバーを手にした。

ようやくドアをこじ開けた時、目の前に真矢君が横たわっていた。その時のことは、今も真紀さんはよく思い出せない。ひたすら真矢君に問いかけ、ガスを発生させる薬品の入ったバケツを風呂場に移し、見よう見まねで胸骨圧迫を行いながら救急車を要請した。

その時、真矢君の横に置かれていたのが、冒頭で紹介した遺書である。しかし、真紀さんはあまりにも動転していて、その時には気がつかず、後に警察から見せられ、初めてそれを確認した。

## 「真矢が亡くなった」

真矢君の父、宏明さんは、その時静岡県に単身赴任中であった。その日夕方5時過ぎ、残業の準備をしていると、義母から携帯電話に電話があった。今まで、義母から電話がきたことなどなかったので、いぶかしく思いながら電話に出た。

「真矢が、真矢が……。病院に行った……」

義母は電話の向こうで明らかに動揺しており、話は要領を得なかった。咄嗟に、真矢君が何か大けがをしてしまったのだろうかと思った。そのため会社の同僚に「息子がなんか大けがをしたみたい。今から帰るけど、2、3日は休むかもしれない」と言い残し、大急ぎで車に乗り込んで自宅を目指した。

午後7時頃、ようやく到着した自宅であったが、その周りには規制線が張りめぐらされていて、前には警察官が2、3人立っていた。とにかく家に入ろうと近づくと、その警察官に制止された。宏明さんは苛立ちながら「この家の家主だ！」と叫んだ。すると警察官はひるんだ様子であったが、それでも「中には入れない」と繰り返した。「どういうことだ！」と問い詰めると、「息子さんが自殺を図りました」という答えが返ってきた。

――自殺？

気勢をそがれた宏明さんが問い返すと、とにかく詳しいことは病院で聞けとしか言わない。すると、隣の家に避難させてもらっていた長男が、不安そうな顔で出てきた。「真矢、どうなっちゃうんだろう」と長男が繰り返すので、宏明さんは「真矢のことだ、大丈夫だよ。医者が治してくれるはずだ」と、何の根拠もないままに励ました。

すると、携帯電話が鳴った。真紀さんが病院に呼んでいた、信頼できる知人からだった。

「真矢が亡くなった」

それを聞いた瞬間、宏明さんの目の前はまっ暗になった。

「……死んだってこと？」

ようやく絞り出した声に、知人は固い声で答えた。

「とにかく、ゆっくり来ればいいから」

長男が目に涙をいっぱいためて、不安そうに見つめていた。隠すこともできず、宏明さんは、「真矢、亡くなったんだって」と、かろうじて伝えた。途端に長男は「わーっ」と泣き崩れた。ただ泣きじゃくる長男に、「真矢が亡くなったことは、まだお婆ちゃんには言うな。病院から帰ったら俺から話すから。お前はここに残って、お婆ちゃんのことを頼んだ」と言い残し、とにかく病院に向かうことにした。

運転に集中することだけを考えながら、何とか病院に着いた。病院で真矢君は、真っ白なシーツに包まれてベッドに横たえられていた。その横で、真紀さんは二人の看護師に抱えられ、憔悴しきっていた。宏明さんには事実がどうしても受け入れられず、「何とかしろよ！」と医療スタッフに食ってかかった。

帰宅してしばらくすると警察官が来て、現場にあったという遺書を見せてくれた。それを読むと、真矢君が遺書に名指しした4人の生徒からのいじめを苦にして自殺したということは、火を見るよりも明らかであった。

実は、真矢君を直接いじめていたメンバーは5人いた。しかし、遺書に名前の入っていなかった1人は、真矢君のことはいじめていたものの、A君のことだけはいじめていなかった。

真矢君の遺書には、『Aをいじめた○○、○○、○○、○○（4人の名前）』と書かれており、さらに『俺とAをいじめた連中』ではなく、『〝俺自身〟と、Aをいじめた連中』とも書かれている。つまり真矢君は自分がいじめられたことについて問うのではなく、大切な友達がいじめられたこと、そしてその友達を守れなかった自分自身、という二つの立場に対して、『どうしても許せない』と訴えているのだ。そのため、彼ら4人に対する復讐の手段として、それぞれを名指しして遺書を残したうえで、自らの命を捧げているのである。遺書を読むと、死後に遺書が公開されることを意識して、非常に入念に書き上げられていることが分かる。

## それぞれの悲しみ

通夜、告別式と、慌ただしく時間は流れていった。真紀さんは当時のことをふり返り、「まったく泣けなかったんです。感情がなくなったみたいに体がフワフワしていて、式の間には、上からぼんやりとその光景を眺めているような感覚でした」と語る。そして、告別式が終わり、『釘打ちの儀』のために棺にふたがされた時、「真矢が焼かれてしまったら、もう一生会えない」と、真紀さんは突然我に返った。

「ヤダーーーーー!!」

真紀さんは絶叫し、棺にしがみついた。そこからは、狂ったように泣き叫んだ。

対して宏明さんは、式の間、「喪主としてしっかりしなければ」という義務感だけで目の前の手続を淡々と行っていた。それどころか、通夜のあとの会食の際には参列者一人ひとりに「よく来てくださいました」「ゆっくりしてってください」と、やたら饒舌に話しかけ、ビールをつぎ回った。「もう、そんなのしなくていいから」と何度も声をかけられたが、完全に頭がおかしくなっていた。そして火葬場では、取り乱して立っていられない状態の真紀さんを休ませ、無感情のまま骨拾いを行った。

真矢君が亡くなってから、宏明さんが初めて泣いたのは、実に三回忌の時であった。それまでは、真矢君がいなくなったという現実を受け入れることを、全身が拒否し続けていたのである。その間の日々は、後述する学校との折衝を含め、目の前にある「やらなければならないこと」に全力を注ぐためだけに、ずっと気を張って過ごしていた。

一般的な四十九日を過ぎ、納骨の最後のタイミングとなる一周忌を過ぎても、真矢君の遺骨は自宅に置かれ続けていた。そして、三回忌でいよいよ納骨をすると決め、寺で法要を受けて納骨の準備を行っていた時、初めて宏明さんの感情がほとばしった。

「こんな暗いところに、真矢を置いておけない！　あいつがこんなところに一人でいられるわけがない!!」

真矢君の骨壺を抱きしめ、なりふり構わず、声を振り絞って泣いていた。

## 調査委員会

真矢くんが亡くなってから、篠原夫妻は「真矢の身に何が起きたのか、知りたい」という一心で、学校に通った。しかし、血の通った対応は一切得られなかった。不毛な交渉を続けるうち、真矢君の死から8日後の6月15日、学校や保護者、川崎市教育委員会、地域住民、有識者などからなる調査委員会が設置されることになった。篠原夫妻は、設置後に事後報告でそれを知らされたため、不信感しかなかった。

しかしながら、調査委員会の委員のうち、特に市教育委員会の担当者2名は、毎日のように篠原家に通ってきてくれた。そのうちの一人が、現在も現役の小学校教員である、渡邉信二《わたなべしんじ》さんだった。

当初、不信感でいっぱいの宏明さんは、家にやってきた渡邉さんに「報告書を四十九日には持ってこい！」と怒鳴った。すると、渡邉さんはその気迫に負けず、こう言い返した。

「無理です！　われわれは、もっと真矢君のことを知りたい。そのためにはもっと時間が必要です！」

渡邉さんは当時、川崎市教育委員会の学校教育部に配属されて、多摩区の教育担当として指導主事を務めていた。小学校教諭である渡邉さんは、当然小学校担当であったが、「中学校の事案であっても経験が大事だ」と言われ、真矢さんの事案の調査委員を担当することになったのだ。

渡邉さんは、真矢さんのことを聞いた時、「もし、自分の家族だったら」と心を痛めた。

だからこそ、真矢君がどんな子で、どんな生き方をして、どのように考えていたのか、それを知らない限り、報告書は書けないと思った。だから、来る日も来る日も、篠原家を訪れた。篠原夫妻からじっくりと話を聴き、ともに怒り、ともに泣いた。次第に、篠原夫妻の頑なな心がほどけていった。ある日渡邉さんは、真矢君の部屋に入ることを許された。

「ええっ、いいんですか？」

実は渡邉さんは、真矢君が生前どんな本を読み、どんな文章を書き、どんな音楽を聴いていたのか、知りたくて仕方なかった。それは、真矢君の遺書を読んだ時に、「いい意味で、言葉遣いが独特だ」という印象を抱き、同時に「引用が上手で、本を読んだりすると影響を受けやすい、僕と同じだな」と思ったこともあった。そして、篠原夫妻との交流を続けるうちに、真矢君が「どう生きたか」を、理解したくてたまらなくなっていたのである。

## 「産声」

通された部屋は、真矢君が亡くなった時のままにされていた。ベッドも、真矢君が抜け出したままの状態だった。そこにいると、確かに真矢君の息づかいが聞こえてくるような気がした。

篠原夫妻は、もうすっかり信頼していた渡邉さんに「引き出しでも何でも、全部見てください」と言ってくれた。渡邉さんは、二人に心から感謝しつつ、机の中のものを一つひとつ、丁寧にあらためていった。

真矢さんは、色々な詩を写して書きためていた。渡邉さんには、それが何の詩なのか分からなかったので、色々調べたり、読んだりして、一つひとつの出所を明らかにしていった。真矢さんの文字で几帳面に写されたそれらには、歌詞が多かった。渡邉さんは、その歌詞の曲をすべて調べ上げ、ＣＤショップやアマゾンで注文し、全部買って聴いた。

それから真矢さんの部屋には、『北斗の拳』や『鋼の錬金術師』などの漫画が揃っていた。だから渡邉さんも、それらをすべて買い揃えて読んだ。特に『鋼の錬金術師』には、自己犠牲の精神が描かれていて、真矢君はそれに大きく影響を受けていることが分かった。

こうして渡邉さんは、真矢君がどんな作品の言葉に影響を受け、どの人物と自分を重ねていたかということを、徐々に知ることとなった。渡邉さんは、述懐する。

「僕も、そんな中学生だった覚えがあるよね。もしも同級生だったら、あるいは担任の先生だったら、話が合っただろうな。あるいは本を貸したんだろうな。あの本、読ませたいなとか。そんなことを考えましたね」

そして、当時の真矢さんが、安全な自室で一人、詩や音楽に触れることで、自分の辛い思いや耐えられない気持ちをそれらに重ね、昇華させようと懸命になっていた姿が浮かび上がってきた。自分の気持ちを音楽に重ねたりすることで、「こんな思いをしている人間は自分だけじゃない。自分は一人じゃない」と考え、何とか精神のバランスを取っていたのではないかと、渡邉さんには思えてならなかった。

「本当に、この『部屋をすべて見て下さい』と言ってくれた言葉は奇跡の言葉で、感謝しきれないですね。そしてこの言葉は、真矢さんの死と共に生きていくための、僕は『産声』だと思いました」

## 「生き方報告書」

渡邉さんが真矢君と出会ったことは、運命としか思えない。ただし最大の不幸は、真矢君が生きているうちに出会えなかったことだ。渡邉さんは、こうも言う。

「僕は真矢さんの遺影にしか会ったことがない。だから、誰よりも真矢さんのことを詳しくなってやろうと思った。誰よりも、真矢さんが何を考えて、どんな生き方を目指していたのか。その生き方を、僕は誰よりも知ろうと思った、それで『逢いたい』って思った」

そのため渡邉さんは、今回の調査報告を『死亡に関する調査』ではなく、真矢君が「どう生きたのか」を辿る、『生き方報告書』にしようと思った。

だから渡邉さんは、自ずと調査の中心的な役割を担うことになった。そして、生徒への聴き取り調査も、たった一人で引き受けることとなったのである。そのために、渡邉さんは中学校に常駐して、生徒との関係作りからはじめた。

「子どもたちは、何のために話すのか、その動機に共感しないと話しません」

時間の制約は一切設けず、生徒が話すまま、何時間も耳を傾け続けた。渡邉さんの聴き取りによって、生徒たちは安心して何でも語ることができたため、やがて本音で語りはじめた。渡邉さんは、彼らに心から共感し、彼らの辛さを丸ごと受け止めたことで、生徒たちの心の傷も少しずつ癒やされるようになった。こうして行われた聴き取りの対象者は、ゆうに100人を超えていた。

調査委員会での会合が開かれるたびに、両親には丁寧に報告をすることを徹底した。そうして、四十九日となる7月24日には中間報告が出て、最終報告は9月4日に公表された。

ただし、篠原夫妻にとって残念だったのは、この報告書では「人が自ら命を絶つとき、様々な要因が複雑に関係し合っている」とした上で、真矢君の死については「外的要因の一つとして、本校にいじめの状態があった」との表現にとどめられていることだ。

宏明さんは、「100％納得しているかといえば、ノーです。ですが、私たちが一番知りたかった『何があったのか』ということを明らかにして頂いたので、これを受け入れました」と語る。

## その後

K君は、真矢君の死の責任をずっと背負ってきていた。真矢君がいじめを受けていることを知っていたのに、助けてあげられなかった。そして応援団長だったクラスメートの悪口を書いてきた時に、「真矢はそんなことを言う奴じゃない」と、異変に気づくべきだったのに、当たり障りなく返信をした。最後のメールに気づかなかった。

彼は、真矢君が死の直前にメールを送った15人の友達に声をかけ、亡き親友の死から毎月欠かすことなく、月命日である7日に篠原家を訪れた。最初はよそよそしかったK君だったが、毎月篠原家を訪れるうちに、すっかり篠原夫妻と打ち解けてしまった。真紀さんは「K君、本当に図々しいんですよ。家に来ても、勝手に横になってゴロゴロしてるんです」と、本当に嬉しそうに笑う。毎月訪れる賑やかな月命日が、篠原夫妻にとっては癒やしの時間となっていった。

そしてK君が大学受験を控えた3年目の年、篠原夫妻はK君に「もう、楽になっていいんだよ」と声をかけた。

「3年間、ずっと君に自責の想いを抱えさせた、君に息子は残酷なことをした、すまなかった」

「受験をがんばって、君たちには幸せになってほしい」

篠原さんたちは、K君の気持ちがありがたくて仕方がなかったのだが、まだ若くて未来のあるK君を、苦しみから解放してあげる節目にしたいと考えたのである。

しかしK君はその後も、そして大学に入学してからも、月命日には一度も欠かすことなく訪れ、『図々しく』篠原家の居間でゴロゴロし続けた。

今年K君は大学を卒業し、地元から通うことのできない、遠い場所に就職した。土日は休みがなく、平日不定期の休みとなってしまったため、なかなか真矢君の月命日に合わせることができなくなったが、それでも休みが合えば、必ず篠原家を訪れている。今年の4月と5月は職場の研修のために果たせなかったが、6月の命日、そして7月23日の真矢君の誕生日には、変わらず元気な顔を見せてくれた。たとえこのまま少しずつ間隔が空いてしまったとしても、K君は篠原家を訪れ続けるだろう。

そして篠原夫妻は現在、一般社団法人『ここから未来』の理事を務めている。この会は、前に紹介した大貫隆志さんと、教育評論家である武田《たけだ》さち子さんとの4人で設立されたもので、こどもの生命や人権を守るために、子どもの声を聴き、子どもに寄り添い、保護者や専門家とともに考えることで、子どもを取りまく環境を改善する具体的な解決策を提案してゆくという活動を行っている。

そして、渡邉さんは何度か、『ここから未来』のシンポジウムでお話をされるなど、篠原家との交流を変わらず続けている。

## 《日体大生へのメッセージ》——篠原真紀さん

いじめのほとんどは学校で起こります。

どのクラスでも、どの部活でも起こりうることです。

同じ目線に立ち、膝を突き合わせて、子どもたちが相談しやすい関係性を築き、悩みに気がついてあげられる先生になってください。

そしていじめとは、子どもだけの問題ではありません。子どもだけで解決できる問題でも決してありません。

どんな形であれ、子どもから『いじめ』という言葉が出てきたら、それはもう黄色信号ではなく赤信号であり、一刻の猶予もないということを頭の片隅に置き、そしてどうか忘れないでください。

わが子の赤信号を見過ごしてしまった母親の心からのお願いです。

## 《日体大生たちの感想》

・友達のために自分を犠牲にしてでも、勇気のある行動をした真矢君が何故死ななければいけなかったのだろうと、ただただ思います。本当に真矢君は優しい子だったと思います。又、その後、教育委員会の人たちや調査委員会の方々が、自分の家族のように真矢君のことを調べてくれたこと、本当に素晴らしいことだと思います。でも、真矢君が亡くなってしまったという事実は変わらないです。このような事件が起こらないようにするためには、周りの大人（特に教師）が、もっと注意力を高く持って子どもたちに接しなければならないと思います。絶対に死ななくても良い子どもたちをもう死なせないため、もっと勉強して防げる教師になりたいです。

・話を聴いて、真矢君は本当に心が優しくて、自分よりも相手のことを思いやれる人なんだと感じました。その優しい命が奪われてしまったことが、とても悔しいと思いました。自分も教師になりたいと思っていますが、少しでも悩んでいたり、一人で苦しんでいる生徒にすぐに気づける教師が増えていけば、亡くならないですむ命はたくさんあると思いました。

・本当に心が優しい子だったんだなあと、とても感じました。自分がこの子を助けてあげないといけないんだという優しい気持ちを持ち、でも、すごく自分を責めてしまって自死をする結果につながってしまったのだと思うと、とても辛いです。もっと、話を聞いてあげられていたらと思うと、自分がもし友人だったのならば、毎日でも話を聴いてあげたいです。又、そのことを気づいてあげられる先生になりたいです。

・真矢さんの正義感がとても素晴らしいと思った。強い正義感のために多くのことを抱え込んでしまったのだと思う。教員として生徒のSOSを素早く受け取れるようにならなければいけないと強く感じた。生徒とのコミュニケーションをしっかりと取り、信頼されるような教師になれるよう、努力していきます。

・自分自身中学校の時いじめを受けた経験があります。友達や先生、家族のおかげで、傷つかずに生活できました。いじめを行った人とも、今では友人として接することができてます。周りの対応で人生が左右されてしまうのだと思いました。

・いじめは、自分にはほど遠いものだと思っていました。しかし話をうかがって、身近なもので本当に恐いものだと思わなければならないと強く思いました。又、友人をかばって、自分がいじめられるという道を選び、自分の意思を曲げなかった真矢さんは、本当に強く、正義感にあふれた人だったんだろうなと思いました。私は将来、体育教員を目指しています。篠原さんがおっしゃったように先生は生徒にとって一番頼りになる存在であり、生徒を一番守らなければならない義務があると思うので、そんな教師になれるようにこの4年間で知識を得ていきたいです。

・今回で「事故から学ぶ研修会」に参加するのは3回目になるが、調査委員会側の対応がこれほど素晴らしかったのは初めてでした。事実を隠したりすることなく、ご遺族にすべてを伝えようとする姿勢に感動しました。

第3章

# 日体大に来て、見えてきたこと

# 1 「日体大生」「日体大卒」と体罰

## 「理不尽」というノスタルジー

研修会に参加し、ご登壇者たちの話にじっと耳を傾けてくれた日体大生たちの感想を読んで頂いて分かるように、彼らは本当に純粋で、体罰やいじめを許せないという心を持っている。体罰を受けていた子もいれば、体罰など一切受けたことがないという子もいる。それでも、体罰を肯定する意見は一つもなかった。こういう研修会に参加する、意識の高い学生だけなのだろうと思われるかもしれないが、授業やゼミなどで接してみても、部活動指導において体罰が『必要だ』と、自信を持って答える学生には一度も会ったことがない。

『日体大』といえば、『体罰』というイメージを一般に持たれているのは、かつてトップアスリートとして活躍した、今よりも古い時代の日体大を経験した先輩たちによるところが大きいものと思われる。彼ら・彼女らは、テレビや雑誌のインタビューで学生時代をふり返り「日体大では地獄のようなしごきを受けた」「先輩からの理不尽な仕打ちを受けた」「寮生活がヤバかった」など、大学時代を面白おかしく振り返ることがあり、視聴者らがそうした場面を見聞きし、「日体大ってこういう大学らしいよ」と、やはり面白おかしく話題にしてきたためではなかろうか。

確かに私自身、日本全国津々浦々で講演に呼ばれ、「日体大卒」というOBたちに会う機会が多いため、その際にはよく、日体大生時代の部活動や寮生活での理不尽な思い出を語って頂くようお願いする。すると私と同じくらいか、上の世代であれば、指導者による本当に凄まじいしごきの様子や、寮での理不尽なルールとそれに背いた際の壮絶な罰則など、いくらでもその手の話をしてくれる。しかも彼らは、その学生時代を非常に懐かしげに、嬉しそうに語るのである。「あの理不尽に耐えることができた」と語る卒業生たちは、世代や競技の垣根を超え、『同志』としての固い絆を感じている。そこでの彼らは、『日体大卒』という誇りに満ちているのである。

## 日体大という「役割期待」

しかし、今や日体大は、そのような『悪しき伝統』と決別する道を選択して久しい。その象徴が、谷釜元学長の『反体罰・反暴力宣言』である。

現在、日体大を卒業後、教員として働きたいという希望を持つ在校生は、学部にもよるが、感覚的には7割方ほどと、かなり高い割合に上っている。その多くが本学の研修会に参加してくれ、そのたびに「自分は絶対に体罰をしません」「体罰を止める教師になることを誓います」などの声が届けられてきている。

しかし彼らが、『日体大』という名前を背負っているが故に、教育現場では、「日体大卒の先生には、生徒指導をしっかりやってもらいたい」「生徒たちをビシビシしめてください」「部活動を強くしてください」などの『役割期待』をも背負わされてしまうということも、現実として起きているのだ。日体大卒のOBが多い職場に配属され、そこでの指導の仕方に疑問を持ったとしても、新任で、しかも後輩にあたる立場では口出しできないという場合も往々にしてある。そして、そこにいるOBたちもまた、現場での『役割期待』の被害者であるかもしれないのだ。

それでも私は、日体大生が在学中に不適切な指導について学び、『絶対に自分はこうならないと誓った教師像』や、『理想とする教師像』を持つことには、とてつもなく大きな意味があると信じている。『理想と現実は異なる』ということを知ったとしても、その現実を変えるパワーを、きっと彼らは持ち続けていてくれると思う。

## 2　なぜ体罰は残り続けるのか

### 暴力の世代間連鎖

『人は、自分が育てられたようにしか育てることができない』とは、子育てに関してよくいわれる言葉である。暴力をもってしつけられた子どもが大人になった時、自分の子どもに対して暴力的に育てる方法をとってしまうという、いわゆる『虐待の世代間連鎖』もよく知られている。

このことは、スポーツ指導においても当てはまる。有名強豪校でスパルタ指導を受け、そこでレギュラーを勝ち取り、いわば『スポーツエリート』として選手生活を過ごしてきた選手がやがて指導者になった時、自分が歩んできたスポーツ経験を、『よかれ』と思ってそのまま自分の生徒への指導方法として採用しがちである。そして、その指導者の指導を請うて入部してきた生徒たちも、「この練習方法がスポーツエリートになるための近道である」と考え、それを受け入れることになる。

しかし往々にして、暴力的な指導によって生徒には、『力がある者は、弱い者を力で支配してよい』という価値観が植えつけられてしまう。体罰が当たり前のスポーツチーム・部活動では、高頻度で上級生から下級生への、1軍選手から2軍選手への、暴力を含むいじめやハラスメントが横行することになる。こうして、暴力指導は世代間に連鎖し続けるのである。

## 体罰と「即効性」

普段は体罰的な指導を好まない指導者であっても、自分の思い通りの動きをしない選手、やる気の見えない選手、何度も同じミスをする選手などに対して、つい苛立ち、衝動的に身体的な暴力や恫喝を用いてしまうことがある。すると、その衝動的な暴力性に生徒が怯え、『これまでになく真剣になって』くれた結果、予想以上の効果が得られることがある。これは生徒からすれば、『暴力に対する恐怖から逃れたい』という一心でがむしゃらになったために、一時的にパフォーマンスが上がったということになる。

しかし監督は、「これまでこいつは俺をなめていたから、チンタラやっていただけだったのだ」と思い込むことになる。体罰の効果を、偶然『学習』してしまうのである。そうなると、生徒が同じような記録を出すことができず、ミスを繰り返す時、「なぜ分からないのだ」といら立ちを募らせ、「叩かれなければできないのは動物と一緒だ」などと罵りながら、さらなる即効性を求めて暴力に訴える悪循環が起こってしまうのである。

## 「熱さ」の押し売り

また、体罰を指導に用いる指導者は往々にして、自分の指導力に自信を持っている。そのため、「自分がこれだけ熱い思いで指導しているのだから、それを受け止めた生徒は自分以上に真剣にならなければならない」と、一方的に思い込みがちである。その結果、「集合をかけた時に全力で走ってこなかった」「ボールを簡単にあきらめた」「返事の声が小さい」などの非常に小さなことで即座に生徒の熱意を疑い、それが自分への裏切り行為であるかのようにあげつらい、執拗に責め立てることになる。これは、第2章で見た村川康嗣君や工藤剣太君、宮脇健斗君の身に実際に起きたことである。

## 3　体罰の免罪符である「信頼関係」とは？

### 「信頼関係」とはなにか

よく、体罰教師から、そして生徒からさえも、「信頼関係さえあれば構わない」という言葉が出される。一部の生徒から体罰の被害の訴えがあった時、レギュラーの地位にある生徒たちは、「指導者を信頼していたから、体罰だと思ったことも、理不尽だと思ったことも、一度もない」と口を揃える。そして指導者は、「生徒たちは、自分のやり方を信頼してついてきてくれている。信頼関係の下で行われるのであれば、それは体罰ではなく愛情である」などとうそぶく。しかし、ここでいわれている『信頼関係』とはどういうことであるのか、ここで立ち止まって考えてみたい。

『信頼』とは、辞書的には、「信じて頼りにすること。頼りになると信じること。また、その気持ち」、あるいは「ある人や物を高く評価して、すべて任せられるという気持ちをいだくこと」とされている。こう見ると信頼とは、一方的に相手に対して持つ気持ちを指す言葉なのであって、専らその人の心の中にある状態である。

そして、これに『関係』とつくと、相対する人物同士が、互いに一方的に相手をそうと信じている状態を指すことになる。

ところで『信頼』も『信頼関係』も、いずれも客観的に確認することはできない。他人には、それを覗き見ることも、触れることも、味わうこともできない。『信頼関係』という場合であっても、数値などの客観的指標を用いることはできない。そのため、そこで向かい合う両者の内心で相手に向けられている『信頼』というベクトルが、果たして等しく釣り合ったものなのか、片方で極端に強いものではないのか、口で言うほどの内容を本当に備えているのか、などを『確認』することは、当事者であっても、ましてや第三者にあっては不可能なのだ。

しかしながら、「信頼関係がある」と、一方が確信することのできる手段はある。それは、「いかに理不尽な仕打ちをしたとしても、相手は自分についてくる」ということを、繰り返し確認することである。

## 体罰とDV

これは、自分に自信のない人物が、恋愛関係において相手の愛を確かめるために、しばしば行う行為でもある。DVを用いる男性は、自分が相手に釣り合っているという自信がないため、しばしば暴力や暴言によって相手を屈服させ、「お前には価値がない」「価値がないお前を受け入れている俺から離れるな」というメッセージを送り続ける。

しかし往々にして、こうした理不尽な仕打ちを受け続けた相手は、やがてこの恋愛が間違っているということに気づく。これまでは、周囲の助言を受け入れることを「何も知らないくせに」と頑なに拒んできていたが、ある時から、それらの言葉がすんなりと心に沁み入ってくるようになる。そもそも恋愛をするために、ここまでの苦しみに耐える必要はないはずなのだ。

このような関係性は、部活動で専制君主となる指導者と、それに盲従する生徒とのそれと、何ら変わるものではない。

## インフォームド・コンセントがない

敢えていうまでもないだろうが、相手より強い立場の人間が、その立場の強さに乗じて、弱い立場の人間に対して「お前のため」だとか、「見込みがあるから厳しくするのだ」などの甘言のもと、一方的に暴力や暴言など、相手の尊厳を貶めるような行為を行うという関係性は、到底『信頼関係』という名に値するものではない。そもそも、弱い立場の者は指導者の人事権（レギュラーの決定権や進学・就職に際しての推薦権等）の下にかしずくしかないのであって、『信頼関係』を結ぶに足る公平性も、それを自ら選択する自由意思も、もとより存在していない。すなわちこの場合、生徒は法的にも、事実上も、『自らの健康や生命の安全を脅かし得る活動に対し、十分にその危険性を知らされた上で、完全に合意すること（インフォームド・コンセント）』ができる立場にはない。

生徒の側には自らの身を守るだけの知識も経験も不足している。そのため、どのような意味があるのかも分からぬまま、一方的に過酷な練習を課され、体調不良を申告できる雰囲気もないままに、ひたすら指導者の意のままに従うしかないのだ。

# 4 体罰はなぜいけないのか

## スポーツと暴力は相容れない

体罰は、人格権を有し、生まれながらに有する人権を保障されるべき子どもたちに対し、その個性に応じた健やかな成長を励まし、促すという教育の理念とは、根本からして相容れないものである。そもそも弱い立場の者に対して圧倒的優位な立場にある者が、「相手から絶対的に仕返しされることがない」という安心感に守られた上で一方的に暴力を行使するという事態は、明らかにフェアプレーの精神に反しており、スポーツマンシップの名に値するものではない。

スポーツにはルールがあり、それを順守する理性が求められるからこそ、野蛮な喧嘩や戦争とは一線を画する、きわめて文化的価値の高い活動として位置づけられている。そして『スポーツ指導において暴力を用いない』というルールは、もはや国際的なコンセンサスとなっている。

暴力は、選手の思考力を奪い、自分の身体の声を聞く余裕を奪ってしまう。体罰に対する恐怖は、自らの限界に対する感覚を容易に麻痺させてしまうのである。このことは、草野恵さんや村川康嗣君、工藤剣太君、宮脇健斗君の例をみれば明らかであろう。彼女・彼らはとうに身体の限界を超えていたが、なお指導者の意のままに動き続けようとし、その結果、身体はもう取り返しがつかないほどに破壊されてしまった。そこに暴力が介在していなければ、体調不良を訴えて休憩を取らせてもらっていたはずであり、ほどなくして何事もなく部活動を終えることができていたに違いない。そこに暴言や暴力が介在していたからこそ、彼らは限界を指導者に告げることができなかったし、指導者も振り上げた拳をしまうことができず、行きつくとこまで行くしかなかったのだ。

どのような理由があっても、スポーツ指導で暴力を使うことは許されない。一時的な感情の高ぶりであれ、経験に基づいた指導方針であれ、生徒に暴力をふるった以上、スポーツ指導をする資格はないと言わなければならない。このことを、本書で紹介した子どもたちが死をもって証明しているのであり、その遺族たちは、彼らの声を未来の子どもたちに届け続ける使命を担っているのだ。私たちはその声に真摯に耳を傾け、失われた命の意味を考え続けなければならない。

## 体罰の裾野

加えて、体罰の影響は、それを行うものと受ける者の二者関係にとどまらない。山田恭平君のように、その暴力を目の当たりにした生徒の心を破壊してしまうこともある。また、試合会場で対戦相手の学校の指導者が選手を罵ったり、暴力をふるっているのを見た相手校の生徒や指導者たちは、「自分たちが相手のミスを誘ったせいで、怒られている」「自分たちが勝ったために、監督からひどい目に遭わされている」と、後ろめたい思いをしてしまうことになる。観客たちも、『生徒に体罰をふるう学校』という記憶を持ち続けるであろう。その学校の教師や生徒たちがいかに素晴らしい活動をしていたとしても、『体罰がある学校だから』と、ネガティブな評価を変えることはほとんどない。一人の指導者の無思慮な行為が、何年たっても修正不可能なイメージとなって、その学校や、その学校の在校生・卒業生につきまとうことになるのだ。また前述したように、体罰は世代を超えて受け継がれるのであって、未来にわたって潜在的被害者を作り続ける。

そして、重大事故や傷害が発生した場合には特に、被害者の家族の人生を大きく狂わせることはもとより、その場に居合わせた生徒だけでなく、その学校に在籍していた生徒、その生徒の保護者たち、教職員、卒業生たちの心に大きな傷を残すことになってしまう。

スポーツを愛する心があるのであれば、スポーツの指導者という立場の人間が、こうした悪循環を今すぐ断ち切る勇気を持つべきだ。

## 5 フォローのできない教師と「指導死」

### 「指導」は生徒と教師の相互作用

本書では、部活動の問題だけでなく、『指導死』や『いじめ』の事例も取り上げている。教員志望の学生が多い日体大で、これらの話は避けて通るべきではない。むしろ学生の頃から積極的に情報提供をしておくことで、若い彼らがこれらの問題に対して強い関心を持ち、『自分事』として考え続けてほしいと思っている。そして、学校現場に入って当事者となった時に、柔らかい頭とバランス感覚、そして『絶対に子どもを死なせない』という気概をもって、生徒たちの前に立ってほしい。

私は、大貫隆志さんと何度かタッグを組み、地方の学校や教育委員会の研修会で指導死について広める活動を行っている。そこで、先生方からよく出される要望が、「どうすればいいか、解決策を示してほしい」というものである。

いじめに関する議論も、指導死に関する議論も、一般化して語ることがきわめて難しいという面がある。それは、生徒たちそれぞれに個性があるように、そこに現出する問題状況も様々な様相を呈していること、さらに関わる教師の学校での立ち位置やキャラクターも多彩であることから、「こう対処すれば絶対にうまくいく」と言ってしまうことは、危険ですらあるからだ。

例えば、生徒から一目置かれ、尊敬されている先生であれば、「君たちのやっていることは間違っている。だけど、先生は一点の曇りもなく君たちのことを愛する」というメッセージを送ることで、生徒たちが心から反省する可能性は高まる。この生徒たちは、この大好きな先生からの変わらぬ庇護と寵愛を受けるべく強く動機づけられているため、行動を変えることへの躊躇は少ないであろう。しかし他方で、生徒から軽蔑され、嫌われている先生に同じことを言われたとしても、生徒は鼻白んでしまうであろうし、この教師の『勘違い』を摘発するため、いっそう問題行動が強化される可能性は高まるだろう。

この例から分かるように、教師から『指導』を受けて即座に襟を正す子もいれば反発する子もおり、また意気消沈する子もいるのであって、それは専ら生徒の側の問題でなく、教師の側の問題でもあるのだ。

## 教師の権威

宗内敦《むねうちあつし》・都留文科大学名誉教授は、教師の指導力の源として、『教師の権威』の重要性について説いている（『教師の権威と指導力』、彩光文庫、２０１２年）。『権威』というと、それをもって人を服従させるというネガティブなイメージを持たれやすいが、宗内氏によれば、そうしたネガティブなパワーは『権威』ではなく『権力』だとされる。すなわち、外的・物理的な力に頼って他者を強制的に従わせる力が『権力』であり、対する『権威』は、相手の内的・精神的な力に基づいて自発的に従わせる力だとするのだ。したがって、「生徒は権力を嫌うが、権威ある指導者には従う」という。

## 四つの「権威」

そして、教師の指導力に関わる権威には、①『専門性権威』、②『人格的権威』、③『関係性権威』、④『統制的権威』の四つがあるとされる。これら四つの権威をバランスよく備えている教師に対して生徒は信頼を置き、その教師の指導に従うよう動機づけられるというのである。以下で、それらを詳しく見てみよう。

①『専門的権威』は、教師が持つ学識経験など、生徒から教育の専門家として「一目置かれる」ような資質である。例えば生徒が何気なく口にした疑問に対して、即座に分かりやすく説明するこ

とによって、生徒の「スゴイ」を引き出すようなコミュニケーションを想像すれば分かりやすいであろう。さらにそうした疑問を持った生徒のセンスを褒め、学びへの意欲を引き出すことが自然にできれば、多くの生徒が、その教師に専門的権威を認めることになるはずである。

②『人格的権威』は、生徒から見て「優しい」とか「面白い」とかいう、単なる「生徒受けのよさ」を志向する教師の態度ではなく、教師の持つ人間性によって自然と生徒を引き付けるような資質である。目の前にいる個々の生徒の個性を認めて尊重した上で、自然に心を通わせ合うことができるため、生徒は自然と、この教師の心の動きと歩調を合わせた行動をするようになる。本書に登場した人物でいえば、第1章で触れた倉田総嗣君の校長先生や、第2章に登場してくれた篠原真矢君の『生き方報告書』を書くための調査を行った渡邉信二先生などが、まさにこの人格的権威を備えた教師である。このお二人は、『生徒が、人間が大好き』というオーラを放っていて、誰をも包み込むような温かさを持っている。

③『関係性権威』は、自らの立場を弁えて生徒との間にある教育的関係（特別の目的と独自の関係構造）を自覚した上で、生徒が求める『指導』『助言』『支援』を適切に行うことができる能力である。

「教師の権威が失墜した」と言われて久しい昨今であるが、ここで言われる『権威』が、これにあたるものと考えられる。この現象について、高校教師である諏訪哲二《すわてつじ》は、現代の子どもは『消費社会の主体として確立した』ことによって、教師を含む大人を自分と対等の存在であるとみなすようになったため、学校という『場』において教育の『客体』とされることに抵抗感を持つようになったためだと分析している（『オレ様化する子どもたち』〈中公新書ラクレ、２００５年〉、２２２頁）。

しかし、『関係性権威』のある教師は、生徒からの『学ぶ姿勢』を自然に引き出し、『教師』と『生徒』という教育関係を抵抗感なく引き出すことができる資質を有しているのだ。実際、私が中高生だった時代、両親が高学歴で社会的ステイタスも極めて高い家庭のある子どもは、プライドと権利意識がきわめて高く、教師を『安月給のサラリーマン』とバカにするような発言をよくしていたが、ある教師に対してだけは非常に従順であった。この教師はどの生徒からも一目置かれていたが、恐らく他の教師よりも飛びぬけて、関係性権威その他の権威を備えていたのだろう。

④『統制的権威』は、生徒の逸脱した行動に対して指導者がどのように対処するかに関わる資質である。問題の子どもや行動をきちっと抑えることで、生徒集団からの信頼を勝ち取ることができる。『統制的』という言葉は、『問答無用さ』や『強権的』という言葉に類似しているため、子ど

もは本能的にそれを嫌うものであるが、他方では、教師がそれを発動することによって『公平性』を守ることにつながるという側面もある。つまり、『ルール違反には常に等価の罰を与える』という姿勢を示すことで、「あいつの時は軽かったのに、自分の時は…」という不公平感を生徒たちに持たせせないというメッセージを送ることになるのだ。

例えば、スクールカーストにどっぷりと組み込まれた教師は、影響力の強い生徒の意向に沿う対応を行う。その生徒の機嫌を損ねてしまうと、クラスの運営上支障を来してしまうからだ。コミュニケーションの高い生徒が「先生、お願い！　今回だけ見逃して！」と、茶目っ気たっぷりに両手を合わせて懇願する時、教師はつい「しょうがないな、今回だけだぞ」と言ってしまいがちである。

しかし、こうした教師の姿勢に対し、大勢のいわゆる「その他の生徒」は不公平感や不満を持つことになる。そうすると、教師の権威は自ずと失墜してしまい、やはりクラスを統制することは困難になってくる。

統制的権威を持つ教師は、クラス内でこのような葛藤を起こすことは危険であると知っているため、逸脱行動に対しては、それを行ったのが誰であれ、まったく公平に対処する。そこで行われる処置は、それを科される生徒を含め、生徒の全員の目から見て合理的なものであり、全員が納得できる形での解決をもたらすことになるのである。

ただし、『毅然と対処する』という姿勢を崩さないにせよ、生徒の逸脱行為が『なぜ起きたのか』という状況分析を怠るべきではない。コミュニケーションの苦手な生徒であっても、早々に話を切り上げたがる生徒であっても、根気強く話を聞いた上で、その正確な事情を把握することによって、その逸脱行為が緊急避難的なものであったり、背景にやむにやまれぬ事情があったりしないかを、注意深く確認する必要があるだろう。ここに、逸脱行動への対処の難しさがある。そしてその上で、どのように対処すれば全員が納得できるかという方策を探り、最適解を導き出すという能力も必要となるのだ。

## 生徒の伴走者になるために

恐らく、これらすべての資質を完全に備えている教師は、いわゆる『スーパー教師』として、生徒のみならず、教員仲間たちからも一目置かれるような存在になり、教師間のカーストでも最上位に位置づけられるはずである。この教師が担当するクラスはことごとく運営に成功し、子どもたちは「学校大好き」、「クラスが楽しくてたまらない」という思いを共有することができるため、活き活きと活動し、ぐんぐんと能力を伸ばしてゆく。そして、こうした教師は同僚教師や管理職からも頼りにされ、何か問題があればたちどころに解決してしまうであろう。

しかしこんな完璧な教師は、めったに存在しない。また、権威の中身がいかに望ましいものであれ、権威のありすぎる教師は、それだけで他者を苦しめる火種ともなり得るかもしれない。

『水清ければ魚住まず』という言葉がある。そして純水は、飲むと『まずい』。これと同じように、まったく隙がなく完璧な教師の存在は、そうでない教師の『粗』を際立たせることになり、教員間の関係性に歪みが生じたり、生徒や保護者からのクレームを生みやすくなってしまうかもしれない。

ただし、多くの教師は完璧ではないがゆえに、これらの権威――教師として望ましい資質――を備えた教師であるべく、日々精進し続ける必要があるとはいえるだろう。これらの権威は、『生徒を従えるため』のものではなく、『生徒が正しい道に進むためのメンターであり、伴走者であるため』に、最適の資質だといえそうだからだ。したがって、正しい権威を持つべく努力を惜しまない教師の姿勢が、人柄が、能力が生徒たちから抵抗なく受け入れられた時、教師はその立場に甘んじるのではなく、自分を信じて従ってくれる生徒たちに感謝と敬意を持ち続けることになるはずだ。このことは、未熟ながら教員のはしくれである私自身、自戒の気持ちを込めながら書かせて頂いている。

## 「指導死」を生む教師

そして、『指導死』を生む教師は、上で述べたような権威のあり方をはき違え、「生徒を一方的に指導し、懲戒することのできる立場」であると思いあがっていることが少なくないように、私には思える。そもそも振り返ってみると、生徒は権威ある教師には、自発的に従うべく動機づけられているはずである。それでも生徒が学校で、教師が認知できるような形で非違行為を行ったというのであれば、それは当該生徒が教師の指導に従うべく動機づけられていないということになる。

あるいは、教師の指導に従うべく動機づけられている生徒であっても、大貫陵平君や西尾健司君のように、他の生徒との相互作用によって、『断りきれずに』ルール違反を犯してしまったという場合もあるだろう。生徒の共同体の中では、『仲間内のノリ』が、教師の課すルールに優先することの方が圧倒的に多い。仲間内のノリや空気を壊すことによっていじめが開始するということも、よく聞かれる話である。このような場合に、生徒が犯したルール違反に対し、教師が権力をもって「反省文を書け」「心から謝罪しろ」と述べたところで、生徒の側からすれば「自分の言い分を何も聞こうとしてくれない、一方的で暴力的な要求」に過ぎないことになる。

そこで前述の4つの教師権威のうち④の『統制的権威』を備えた教師であれば、生徒の問題行動に対し、どのようにふるまえば生徒の心を開かせ、問題を改善することができるかを的確に判断できるであろう。そのことがひいては、生徒の信頼をより高めることになるのであって、少なくとも生徒が生きる希望を見失うような対応にはならないはずだ。

## 「指導」はコミュニケーション

教師は、生徒の問題行動を責め、二度と同じことを起こす気にならないよう、心からの反省を促そうとする。しかし、教師に見放されるかもしれないという事態に直面した生徒は、何とか教師の情けにすがろうとする。これに対し、多くの教師は、「ことの重大性を理解させるため」「ここで甘い顔を見せて調子に乗らせないために」、突き放す態度をとってしまう。

そして、学校によく適応し、教師受けのよい生徒であればあるほど、この時の教師の冷酷な態度に、深く絶望してしまうのである。

また逆に、教師の側に権威がなく、生徒が学校的価値を軽視している場合、そもそも生徒側に教師の指導に従うという動機づけは存在しないため、いかなる指導を行ったとしても、生徒にとってそれは何らの意味もなさない。ましてや反省文の強要や重い懲戒は、教師が無理やり自分の権利を侵害してくるようにしか受けとられないであろう。このような理不尽に対抗するために、対教師暴力や、それより大きな権威を用いてのクレーム、不登校などの手段に打って出ることになるかもしれない。その最たるものとして、その突発的な自傷や自死などが選ばれるのではなかろうか。

いずれにしても、教師は生徒との『力の差』をきちんと弁えた上で、叱責が必要な場面であっても、必ずその生徒の人格的価値を傷つけることのないよう、適切なフォローの言葉がけを忘れないようにすべきである。そうした配慮の一切ない、『言いっ放し・やりっ放し』の指導は極めて危険であることを教師は自覚すべきだと、指導死の実例の多くが告発しているのだ。

指導は、一方的に教師が、「間違った行為をした」生徒に対して行うものではない。むしろそれは、教師と生徒という二つの立場の人間において、『間違った行為』というきっかけによって開始されるコミュニケーションであると理解されるべきだろう。コミュニケーションである以上、双方向性の対話が成立しなければならず、どうしてそういう問題が生じたのかを、教師は生徒とともに考え抜き、最終的には生徒の学校生活をそれまで以上に充実したものにできるよう、努めるべきではなかろうか。

私は、ある高校の野球部の顧問の先生から、かつて『部員の集団非行』という最悪の不祥事が発生した時の話を聞いたことがある。当然、高野連からは重大な違反行為として、試合への出場停止はもちろん、部員全員が謹慎処分という重い処分が下された。

この不祥事を聞かされた時、その顧問は、部員全員を殴り倒してやりたいと怒りに震えた。しかし、自分の親しい別の高校の野球部の指導者から「それは、お前が悪い。お前が野球で生徒たちをワクワクさせられなかったから、生徒たちは野球以外の悪さでワクワクを味わおうとしたんだ」と言われ、はっとしたという。それをきっかけにして、自らが選手よりも深く反省しなければならない立場であったと、認識をあらためた。そしてその後は、生徒と一緒に社会奉仕活動を行い、地域から浴びせられる非難の言葉から選手を守ろうと努めたのだ。そしてある時、生徒たちが涙を流しながら謝ってきたため、顧問は自分も心から謝り、彼らを抱きしめた。その時からチームは生まれ変わり、生徒たちは野球ができる幸せをかみしめるように、毎日目を輝かせて練習を行うようになったのだという。

私には、ここでこの顧問が生徒全員を殴り、罵り、『反省文』を毎日課していたとすれば、違った展開になったのではないかと思われてならなかった。

## 「いじめ」加害者としての教師

いじめの問題は、どの学校でも必ず起こり得るものであり、教師である以上、無関係ではいられないことを心得るべきである。

ところで教師は、いじめを専ら子どもたちの問題であると考えてしまうことが非常に多い。しかし教師の側で、生徒の好き嫌いを露骨に出してしまい、それを生徒たちが敏感に感じ取り、いじめのターゲットにしてしまうことがある。

教師は、自分が好ましいと思う生徒に対し、生徒から見ると明らかな『えこひいき』をしてしまうことがある。また逆に、自分に懐かず、いうことをきかない生徒を避けるような態度を取ることもある。教師のこうした態度は、『生徒は平等であって、誰からも公平に扱われなければならない』という学校的価値を否定するものである。

また、そもそも『生徒指導』『皆の前での叱責』『懲戒』などは、「教師から特別な指導を受けなければならない生徒には問題がある」といわれているようなものであり、集団から排除される理由を与えるようなものとなってしまう危険性を有している。

このように、教師による不適切な対応がいじめの原因となっているにもかかわらず、そのことに無自覚なまま、「どういう理由があっても、いじめた加害者が悪い」という態度でいじめ指導を行うのであれば、生徒の側からすれば「お前がいうのか」と、反発を持たれるだけであろう。前出の宗内氏は、『教師の権威と指導力』の中で、こう述べている。

いじめの源が教師にあるとする「教師加害者論」を認めることは、私たち教師にとっては誠に辛く、屈辱的でさえあります。しかしながら、さしたる疑問もないまま行われる通常の生徒指導のあり方がある種の子どもたちを孤立させ、あるいは集団化させて、いじめられっ子やいじめ集団をつくり上げていることは、まぎれもない現実です。

教師がいじめの大きな原因となっているというこの厳粛な事実を直視することなしに、今日のいじめ問題を解決することはけっしてできません。とりわけ、学級全体に対する指導が必要なほどのいじめ問題が発生したときには、教師たるもの、まずはおのれが要因として当該いじめの発生にどのようなかかわりを持っているかを虚心に内省し、反省してみなければなりません。そして、生徒に対する姿勢や態度を根本から変えていかなければならないのです。

……自己を内省し反省するという教師の謙虚な姿勢がなければ、「学級討論会」といい、「毅然たる態度」といい、「家庭訪問」といい、生徒たちに対するどのようなアプローチも、それは何の効果もあげないばかりか、むしろ有害な結果を招くことさえ少なくありません。これは、いじめ問題に取り組み、その指導を行うすべての教師にとって、常に念頭に置いておかなければならない事柄であります。（197－9頁）

「いじめられる方にも原因がある」と考えている教師は少なくない。教師にいじめの相談をした際に、「原因は何だと思う？」「嫌われるようなことをした？」と、平気で返すのである。この対応には、「理由もなくいじめを受けるはずがない。だから、お前が悪いんだ」というメッセージが込められている。

恐らく、こうした教師に「先生から呼び出されて指導を受けたからだ」と主張したとしても、「指導を受けるようなことをしたお前が悪い」と言われることは明らかであって、生徒は教師に相談したことを後悔するしかないだろう。そして、この論法でいくなら、指導死も「指導されるようなことをした本人が悪いのであって、学校側に落ち度はまったくない」との言い分をもって思考停止するしかない。かくして、生徒の不登校も、いじめも、対教師暴力も、非行も、すべては生徒個人の責任にされるのであって、学校や教師が内省する機会が訪れることはないのだ。

# 6 なぜ学校は「隠蔽」しようとするのか

## 文科省「学校事故対応に関する指針」

学校管理下で重大事故が起きたり、いじめを放置したことが発覚したような場合、学校側には、速やかに関係者などから聴き取り調査などを行い、その結果得られた情報を遅滞なくその保護者に対して提供する義務がある。しかしこれまで、こうした調査が行われることはほとんどなく、何度も被害者側からの求めがあって、学校側がしぶしぶ重い腰を上げた時には事故から1年以上経過していた——というようなことになるのが常であった。

第2章で見た被害者遺族たちの多くが、「真実を知りたい」という一心で学校側と何度も交渉し、それが果たされないために裁判を起こしている。しかし、裁判は被害者側と学校との対立を先鋭化するばかりであって、被害者側の「知りたい」という希望に応える手続とは言いがたいものである。

そうした中、２０１６年3月31日、文部科学省から、『「学校事故対応に関する指針」に基づく適切な事故対応の推進について』という通知が、各都道府県教育委員会教育長、各指定都市教育委員会教育長他に宛てて出された。そこでは、「治療期間が30日以上の負傷や疾病を伴う重篤事故及び死亡事故が発生した場合」には、その直後に学校の設置者等への事故報告、支援要請を行うべきとされた。この『重篤事故』の報告先は、公立学校の場合には都道府県教育委員会で、私立・株式会社立学校は都道府県私学担当課・地方公共団体の学校設置会社担当課であり、死亡事故の場合には国だとされている。

そして、上記の報告後、学校側は速やかに『関係する全教職員からの聴き取り』、『事故現場に居合わせた児童生徒等への聴き取り』などの『基本調査』に着手すべきであって、これらは調査開始から3日以内に終了することが求められている。そしてさらに指針は、この調査着手から1週間以内を目安に、ここで得られた情報を迅速に整理した上で被害児童生徒等の保護者に説明することも、学校に対して求めるのである。

さらに、ここでの調査の結果、(ア) 教育活動自体に事故の要因があると考えられる場合、(イ) 被害児童生徒等の保護者の要望がある場合、(ウ) その他必要な場合、などに該当する時には、『詳細調査』に移行すべきだとされた。この『詳細調査』は、学識経験者や学校事故対応の専門家など、中立的な立場の外部専門家が参画した調査委員会において行われることになるという。そしてこの調査には、事故に至る経緯や原因の調査はもちろん、再発防止や学校事故予防への提言も含まれている。

同指針は『保護者への説明』として、以下のように明記する。

「保護者間に憶測に基づく誤った情報が広がることを防ぐために、被害児童生徒等以外の保護者に対しても、状況に応じて、学校から速やかに正確な情報を伝えることが必要であり、事故・事件の深刻さ等を勘案し、状況に応じて、保護者説明会等の開催など、必要な情報提供を行う」

しかしながら、こうした指針が出されたにもかかわらず、今に至るも学校現場では詳細調査がほとんど実施されず、したがって被害者側への十分な情報提供も行われていない。

## 「学校事故隠蔽あるある」

重大事故において、学校側が事実調査を行おうとせず、隠蔽に走ろうとする理由には、様々なものがある。よく聞かれる「学校事故隠蔽あるある」としては、以下のようなものがある。

### ①教師の身分を守るため

特に部活動では、顧問となる教師に特別な報酬はなく、無償のボランティアとして、場合によってはかなりの持ち出しなども伴いながら、それぞれの工夫の上で運営がなされている。部活動に情熱を燃やす若い教師や、長年その学校の部活動に貢献してきた教師など、滅私奉公して部員である生徒たちのニーズを満たしてきた教師は学校の功労者であり、それに対して責任追及することを、学校管理職はためらう。部活動を担当する負担は、それぞれの教科を担当している教師にとっては非常に重いものであり、それでも学校は強制的にその義務を負わせているからである。

またそもそも、事故が起きた時に一義的に顧問の責任にされてしまうとすれば、誰も部活動の顧問などやりたくないだろう。だから学校は、事故を起こした顧問を徹底的にかばってやることで、その身分を守る気概を示そうとするのだと考えられている。

## ②校長が定年間際である

学校管理下での事故が起きた際、『あと数カ月で校長が定年退職』ということが結構ある。そのため、校長は事故がない前提で、退職後の天下りなどの人生設計をしており、「ここで不祥事を出すわけにはいかない」という自己保身から、「少なくとも自分が退職するまでは動かない」という方針を貫こうとするのだ。この時に校長を守った部下は信頼を獲得し、その後の身分がより安定することになる。

## ③人事考査制度

学校側の隠蔽体質の原因として、教員の『成果主義』に近い人事考課制度をあげる声がかねて現場から出されている。学校長が教育委員会にいじめや重大事故を報告しなかったり、非常に矮小化して報告するのは、人事評価への悪影響を恐れるからだというのだ。都教育委員会や都内の市区町村教育委員会は、1995年度から、都の管理職に適用された人事考課制度をそのまま教育管理職（校長、教頭）にまで広げた。そこでは、A～Fの6段階で相対評価され、定期昇給額について、評価A（上位10％の校長ら）では50％アップとなるのに対し、D～F（下位20％）は昇給を25～100％カットするという制度が導入されている。そこで、校長がいじめや不登校などの不祥事の件数を多く報告すれば『学校経営能力』の評定が悪くなり、相対評価が下がるといわれているのだ。

## ④在校生の保護

いじめや生徒間での傷害・部活動中の事故のように、明確に『加害行為』を行ったのが『生徒』である場合、学校はむしろ『加害側』とされる生徒の立場やプライバシーを守ろうとする傾向が強い。これは、学校管理下で生じた『被害』ないし『損害』という事実に対して、そのすべての責任を特定の生徒に帰属させ、事実上『真犯人』として被害者側に突き出す事態を避けようとする、学校側の『教育的配慮』でもある。しかし他方で、学校は、特定の生徒を免責するのであれば、その責任は誰が負うべきなのかというジレンマに直面することになる。そしてその結果として、「事実は不明」「被害者側に何らかの負因があったのでは」などと、責任の所在を曖昧にするしかなくなるのだ。

確かに、他生徒の死傷という出来事は非常にショッキングなものであり、在校生たちの精神的な影響には計り知れないものがあるだろう。とりわけいじめ自殺の場合、被害生徒と何らかの関わりを有していた生徒であれば、自らの言動を顧みて、必要以上に自分を責め、不安定な精神状態となるかもしれない。そのため、生徒たちは自分の精神的負担を軽減するために『犯人捜し』のようなことをはじめがちであるが、その場合、名前のあがった生徒の保護者からのクレームは必至なものとなり、事実誤認による名誉棄損等で訴えられるなどのリスクもある。また加害生徒を特定することで、新たないじめの火種となったり、自殺や不登校の呼び水となる可能性もあるだろう。そうした事態を起こさないためにも、『加害者はいない』と学校がお墨付きを与えることになりがちなのだ。

このように、様々な理由によって、学校側は事故やいじめなどの問題を隠蔽しようとする。とりわけ被害者が亡くなっている場合には、『死人に口なし』とばかりに、被害生徒にすべての非をなすりつけ、あからさまな責任逃れを行うようになる。

## 7 教育委員会は悪の巣窟か？

### 記者会見でおなじみの人たち

事故やいじめ自殺などが起きた際、保身に汲々とするイメージを世間にもたれがちなのは、学校よりもむしろ教育委員会ではないだろうか。記者会見で、教育委員会の偉い人たちが並んで「申し訳ありませんでした」と頭を下げつつも、そこでの説明内容には誠意がなく逃げ腰であり、謝罪していた内容を後日撤回するようなことも平気で起きている。

事故の調査を学校に対して何度も申し入れたのにまったく動こうとしなかったため、やむなく教育委員会に何度も足を運んだが、担当者は対応する素振りこそするものの、いつも気づくと体よく追い払われている、という体験談を語る被害者も多い。

あまりにもひどい対応であるため、教育委員会の指導主事につい、「あなた、自分が恥ずかしくないんですか⁉」と叫んだところ、「個人的な見解をお答えすることはできかねます」という、まったく血の通わない言葉を浴びせられたと嘆く遺族もいた。

## 教育委員会とはなにか?

教育委員会は戦後、マッカーサー率いるGHQが民主的な日本を作るために行われた『教育の自由主義化』政策の一環として発足したものである。戦前の中央集権型の教育行政から地方分権型へと転換し、さらに政治の介入を防いで教育の中立性を確保しようとしたのだ。

1948年に設置された旧制度の教育委員会では、その構成員である教育委員が選挙で選ばれ、地方議会と同じように話し合いによって運営を行うようデザインされていた。しかし、『教育の自由主義化』という理念とは対照的に、国民の関心が薄かったため、教育委員会制度は一部の政治家などから利用されるなどの事態が起きてきた。独立性を守るつもりが、閉鎖性を生み出してしまったのである。そのため制度の改革の必要性が生じ、現在の教育委員会制度ができあがったのである。

そして、教育委員は地方自治体の首長が任命し、選ばれた教育委員たちの中から選挙で『教育委員長』と『教育長』が選ばれることになった。しかし、常勤の教育長以外の教育委員長と教育委員は非常勤であったため、深刻化する学校現場でのいじめや体罰などの諸問題にスピーディーに対応することが困難だとの指摘がされるようになってきていた。そこで2015年の教育委員会制度改革により、任の明確化や迅速な課題対応を可能にするために、教育委員長と教育長が一本化され、常勤職となった（新「教育長」）。

ところで、教育委員会の事務局には、その他にも多くの事務職員が常駐している。その中に、指導主事という職員がいる。これは、学校における教育課程、学習指導その他学校教育に関する専門的事項の指導に関する事務に従事する専門的教育職員であり、一般職の地方公務員の身分を有する者と、公立学校教員の身分のまま指導主事の職務を行う者（充て指導主事）の二種類の形態がある。

## 学校事故被害者の「敵」か「味方」か

なお、旧制度下において、教育長には『教育の専門家』であることが求められた結果、校長経験者がなることが常であった。そのため、元校長という立場上、かつての部下や同僚などの仲間がいる『学校組織』に対して厳しい姿勢を取ることができず、学校に問題が生じた時には『事なかれ主義』になることが非常に多かったのだ。しかし、２０１５年の教育委員会改革によって、「これまでの教育委員会と学校との馴れ合い」の悪習を絶ちきろうという動きが出てくるようになり、議会から元校長の教育長の再任への反対の声が上がったり、公募による民間人起用へとシフトしたりなど、各自治体で教育委員会の「あり方」そのものに対する見直しが行われてきている。

したがって、今後は『学校と一体化して事故隠しをする教育委員会』という体質がどんどんあらためられることが期待される。

ただし、旧態依然とした教育委員会制度の中でも、第1章で紹介した倉田総嗣君の事例や、第2章で紹介した篠原真矢君の事例など、教育委員会が事故当事者に誠実に対応した事例は、これまでにもいくつかある。

結局、学校も教育委員会も、トップに立つ人間の「命への向き合い方」によって、学校事故被害者の『敵』にも『味方』にもなるということなのだろう。

なお、学校事故が起きた際に『担当者』として被害者とのやり取りを行う機会の多い指導主事は、その多くが学校からの出向組である。私は、教育委員会主催の講演会に呼ばれる機会が多いが、出向組の指導主事の先生方は皆「早く学校に帰りたい！　生徒の前に立ちたい！」と口を揃える。よほど、教育委員会ではストレスのたまることが多いのではないかと思われる。そして、これらの先生方は、本当に生徒思いの素晴らしい教師であることが少なくない。また指導主事には、日体大出身の先生方が多くいて、機会がある度に親しく交流させて頂いている。

教育委員会を『悪の巣窟』にしていたのは、組織の構成員一人ひとりの資質の問題とは一切かかわりのない、これまでの悪しき慣行やトップの方針によるものだったのだと、私は考えている。

## 8　学校部活動の語り尽くせぬ問題点

### 部活動と「軍隊教育」

学校部活動は、明治時代の旧帝大に雇い入れられた外国人教師たちによって学問や技術と共にスポーツが持ち込まれたことから始まっている。そして、スポーツ活動は旧制高校や旧制中学へと普及され、やがて全国に広がっていった。

１９１５（大正４）年には全国高等学校野球大会（現・夏の甲子園）、１９２４（大正13）年に全国選抜高校野球大会（現・春の甲子園）が開催され、順次テニス、水泳、相撲、サッカー、ボートなど様々な種目で全国大会が開催されるようになった。

しかし、ほどなく昭和の暗い時代が訪れる。日本は戦争に突入していき、『総力戦体制』となった。そのため、学校はもちろん、部活も戦争に役立つように変わっていった。これまで親しんできたスポーツは『敵性スポーツ』と呼ばれて禁止され、代わりに『国防競技』という新種の競技に代えられ、事実上の軍事訓練となっていった。

なお、日体大（当時は「日本体育専門学校」）の学生も特攻隊員として戦場に駆り出され、400名近くが犠牲となっている。毎年8月には、彼らの御霊を弔うために、大学の敷地内にある慰霊碑の前で慰霊式典が挙行されている。

## 部活動と「自主性」

戦後の教育改革で、子どもたちを国家の命令通りに動く戦争の道具に仕上げてきた戦中の軍国主義的な教育への反省から、戦後は民主主義的な教育が構想された。そのために、自分で考えて自分で行動する『自主性』を持った国民を、学校教育によって育てようとしたのである。

そして、生徒がカリキュラムや授業の枠に縛られず、自分の思うままに色々と試行錯誤したり、仲間で議論したりという『自主性』を育むための教育場面として、『部活動』に目がつけられたのだ。スポーツ活動はまさに『自主性』という戦後民主主義的な理念と親和性があるため、スポーツが学校教育に結びつけられることによって、現在の『自発的・自主的活動』という部活動の理念が出来上がったのである。

しかし、『自発的・自主的活動』とはいうものの、実際には多くの学校で部活動は強制加入とされており、さらに生徒の自主性に任されることなく、顧問が言うとおりの練習プログラムを、生徒たちが毎日黙々とこなす毎日を送っている場合がほとんどである。

また昨今、教師たちの間にも『働き方改革』が叫ばれるようになり、『部活動の顧問を辞退する』という動きが一部で起きているという。そのため、顧問を付けることのできない部活動が活動できなくなり、生徒たちが存続を熱望しているのに反し、廃部にせざるを得ないという実情もあるのだ。

## 顧問の専制君主化

部活動は、顧問がいなければ成立しない。そのため、顧問を務める教師が「もうやらない」と言い出したとすれば、いくら生徒がそのスポーツを続けることを望んでいたとしても、続けることができないのだ。そうなると、生徒や保護者たちは教師が「辞める」と言い出さないために、必死で取り入ろうとする動きに出ざるを得なくなる。

かくして顧問が、生徒たちの真剣さが足りないとして「お前らなんかもう知らない」と、練習中に指導を放棄しようとすれば、生徒たちは全力で謝り、「先生のお気に召すような動きをします」と懇願するという倒錯した場面が出てくるのである。

このような顧問の専制君主化は、「部活動を辞めてしまえば、そのスポーツを行う場所が他にない」という場合に顕著になってくる。生徒たちは、その顧問の指導に納得できなくても、そのスポーツが好きである以上、それに耐えて部活動をやり続けるしかなくなるのだ。

また、顧問がスポーツ推薦で上の学校に押し込む力などの人事権を持っているような場合、レギュラー争いは熾烈になり、さらにレギュラー間での『顧問に気に入られるための』争いが起きてくることになる。ここに、前に述べた『信頼関係』という耳障りだけはいい誤魔化しの言葉によって、顧問の理不尽な仕打ちが平然とまかり通る土壌がある。

## アスレチックトレーナーの活用

これまでに、色々な学校部活動の問題状況を見てきたが、これらの多くは、『スポーツを学校で賄う』という、部活動そのもののあり方に、その原因の根があるものと思われる。これまで、いくつもの自治体が部活動を地域スポーツに移行しようと試みてきたものの、成功例はきわめて少ない。やはり、生徒を学校で囲い込むことが、家庭にとっても、家計にとっても安心だということであろう。実際、学校施設は『一番身近にあるスポーツ施設』でもあり、学校というインフラを最大限活用することが、自治体にとっても受益者にとっても、最もコスト・パフォーマンスに優れていると判断されてしまうことはやむを得まい。

そこで、現状の部活動システムを維持し続けるというのであれば、しばしば『強豪校』とされる私立学校がそうであるように、国や自治体がそこにしっかりと予算をつけ、しかるべき機関によって厳正に公認された有資格者を雇用すべきではないかと私は考えている。子どもが安全にスポーツを行う環境を整えるために、アスレチックトレーナーのような専門資格者を各学校に少なくとも一人ずつ、部活動を横断的に管理する専任の指導者として配置することも検討されるべきである。アスレチックトレーナーは、スポーツ現場で選手が受傷したときの応急処置や傷害の評価、復帰までの手順を考えることや、傷害の予防など、運動に関わる幅広い傷害に対するリスクマネジメントを行うスペシャリストである。また、安全にスポーツを行うため、スポーツイベントの安全指導や管理なども担うことになろう。したがってこれを、厳格な資格基準を要求する国家資格にし、学校現場に積極的に配置してはどうだろうか。部活動を行うすべての学校にアスレチックトレーナーを常勤のポストとして配置することにすれば、体育大学や大学の体育科で学んだ卒業生などの受け皿となることはもちろん、アスリートのセカンドキャリアとしても活用されるであろう。

## 外部指導員

いま、姑息的に『外部指導員』という立場で外部の競技経験者を部活動に導入している学校も少なくない。しかし彼らには十分な報酬が保証されておらず、さらに資格は競技経験以外は不問とされていることが少なくないため、その担い手にはその部活動顧問の知り合いや、学校のOBなどの、いわゆる〝ツテ〟によって呼ばれた人材が充てられることになる。そうすると、〝少ない報酬でお願いしている〟という、現在の部活動顧問と同じ状況になってしまうため、やはり危険な指導の温床となり得るのだ。もちろん、報酬は度外視しつつ、自分の大好きなスポーツを用いて生徒たちと交流したいという素晴らしい外部指導員の方々もたくさんいらっしゃることは事実である。しかし、学校がその好意に甘える余りに、外部指導員たちに過剰な負担や責任を負わせてしまっているという実情を見過ごすことはできない。

生徒の安全に十分に配慮させつつ、質の高い競技指導を行わせたいのであれば、その指導者の身分と収入の保証は不可欠である。これらを十分に保証すれば、自ずと指導レベルの高い者が集まってくるであろうし、能力のない者は淘汰されることになるはずだ。

そして国や自治体は、高い報酬を支払っている以上、『1年更新の任期で再任は何度でも可能、しかし生徒の人権侵害があったような場合には、即時資格を剥奪する』などという、厳しい基準を設け、部活動指導者の質の維持を担保するべきであろう。そして、部活動内で体罰やハラスメントがあった場合、生徒や保護者が匿名で通報できる部局などを自治体内に設けるなどの対策を講じる必要がある。

## これからの部活動

これまで、部活動は『教師のボランティアによって支えられてきていた』ために、『お金をかけずにスポーツをやることができる』と、多くの保護者からの支持を集めてきていた。しかし、高い安全性を確保し、子どもの人権を守るためには、もはや教師の、自らの生活を犠牲にした滅私奉公に頼るべきではない。教師が「本業ではなく」顧問を務めていた部活動でわが子が命を失ったとしても、教員個人は責任を取ることなく、教員としての身分は守られ続ける。そして保護者は『わが子の身に何が起きたのか』を知る手立てがないまま、途方に暮れるしかない。これでは、事故の教訓が現場に活かされることはなく、ますます子どもたちは危険にさらされ続けることになるだろう。

そろそろ、学校の運動部活動のあり方を、根本から考え直す必要がある。もうこれ以上、学校で子どもたちを死なせるわけにはいかない。

# おわりに

本書で、様々な家族の物語を書かせて頂いた。これまで、本書に登場頂いた皆さんのお話は何度も直接うかがう機会があり、私はそれぞれの事件・事故のあらましを知っているつもりでいたが、いざ自分の言葉で書くとなると、想像を超えたとてつもなく重い作業となってしまった。

本書を書くにあたり、できるだけ読者に「リアリティをもって」「自分事として」それぞれのストーリーを読んで頂きたいと考えたため、可能な限り、生前の子どもたちの姿を再現しようと努めた。

この子どもたちの死があったからこそ、私はこのご遺族たちと知り合うことになった。だから当然、「生きていた時の子どもたち」のことを、私は直接知らない。そのため、できるだけ入念に、遺族の語りから等身大の子どもたちの姿を抽出し、それを臨場感をもって描くために、何度も打ち合わせをお願いした。特別にお願いしたインタビューでは、きわめてプライバシーに関わる、失礼な質問もたくさんしてしまった。私のしつこい質問に、つい涙ぐんでしまうご遺族も少なくなかった。その節は、大変申し訳ないことをしたと反省している。

生前の子どもたちの姿を追求すればするほど、私は一人ひとりの子どもたちが愛おしくて仕方がなくなった。どの子も素直で天真爛漫、笑顔のとても似合う、親思い、友達思いの優しい子たちばかりで、原稿を書き進めるうちに、やがて死の場面を描かなければならないということが、とてもつらくなってきた。この子たちを死に追いつめる教師たちを、心の底から憎んでいた。

せめて物語の中だけでも、この子を生かしておきたい、この子を心から慈しんでいる親御さんの手にいつまでも残してあげたいと、本気で考えるようになっていた。

一つのストーリーを書き上げるともうぐったりしてしまい、その夜はなかなか寝つけなかった。そして朝は、目が覚めても頭が重かった。

赤の他人である私が、ほんの一時期関わっただけでもこんな状態なのだから、当時の親御さんたちの気持ちを想像することも恐ろしかった。

そして、春陽堂書店の、本書の担当者である川上涼子さんは、私の十年来の友人でもある。今は小学生の息子さんを持つ川上さんは、私が送った原稿を読むたびに、自分事のように打ちのめされ、子どもたちの命を悔やみ、心から悲しんでくれた。

遺族の皆さんは、自分の亡き子のことが本になると聞いて、本当に喜んでくださっていた。人は、肉体が死んだ時に一度目の死が訪れ、人から忘れ去られることで二度目の死が訪れるといわれている。

本当に幼くしてわが子を亡くしてしまった遺族の方々は、いずれも、わが子がどう生きたのか、そしてどう死んでいったのかということを、一人でも多くの読者の方々に知って頂き、そして「どうすればこの子は死なずにすんだのか」、「どうすれば、今後同じような被害者を出さずにすむのか」ということを少しでも考えて頂ければ、わが子の二度目の死は訪れないはずだと信じている。肉体はこの世から消えてしまっても、この子が生きていた証が残り続けるのであれば、ほんの少しだけ、心が休まる気がするというのだ。

ただ、私は本書を書き上げた今も、変わらず自分の無力さを痛感している。なぜなら、私がここに記したストーリーは、遺族の皆さんが心を込めて語る言葉に比べてあまりにも軽く、人の心を動かすにはまったく十分ではないということを嫌というほど思い知らされたからだ。

だから是非、読者の皆さんには、毎年秋から冬にかけて開催される、本学の『学校・部活動における重大事故・事件から学ぶ研修会』に参加し、当事者の言葉に直接耳を傾けて頂きたいと心から願っている。例年、10月と11月、12月に1回ずつ、計3回開催している。詳しい日程等は、9月頃から日体大のスポーツ危機管理研究所のホームページを見て確認して頂きたい。

そして皆さんには、事故当事者の方々のお話に熱心に耳を傾け、涙する日体大生の姿をもあわせて見てほしい。その日体大から、今後も、日本の学校部活動の悪しき暴力の根を摘み、生徒を『生かす』

指導をする素晴らしい教師・指導者を輩出し続けていきたいと考えているのだ。本学の『本気』を、是非直接確認して頂きたいと思う。

本書を世に出すに当たり、本書の趣旨に賛同くださり、熱い思いで推薦書を書いてくださった学校法人日本体育大学・松浪健四郎理事長には、伏してお礼申し上げたい。

また、帯にコメントを頂いた内田良先生にも心から感謝申し上げ、また今後もご厚誼ご鞭撻頂きたいと心から願っている。

そして、本書を手に取ってくださった皆様にも、熱く熱くお礼申し上げたい。是非、このご縁をきっかけにして、今後の日本の学校部活動や指導者、教師や子どもに関わるすべての大人のあり方について、多くの知恵を拝借したいと考えている。

２０１９年11月　南部　さおり

著者

南部さおり（なんぶ さおり）

日本体育大学スポーツ文化学部 武道教育学科准教授・医学博士。高知県生まれ。2000年、明治大学大学院法学研究科前期博士課程修了（法学修士）。05年、横浜市立大学大学院医学研究科博士課程修了。05年、横浜市立大学医学部法医学教室助手、06年同助教。16年に日本体育大学体育学部に移り、17年より現職。専門分野は法医学・刑事法学・スポーツ危機管理学。児童虐待やスポーツにおける体罰・ハラスメントに関する問題を、医学・法学等の分野横断的なアプローチで研究している。

著書に『代理ミュンヒハウゼン症候群』（アスキー新書）、『児童虐待――親子という絆、親子という鎖』（教育出版）、『文系法医学者のトンデモ事件簿』（アスキー新書）など。

**反体罰宣言　日本体育大学が超本気で取り組んだ命の授業**

2019年11月28日　初版第1刷

著　者 ―――― 南部さおり
発行者 ―――― 伊藤良則
発行所 ―――― 株式会社春陽堂書店
〒104-0061
東京都中央区銀座3丁目10-9　KEC銀座ビル
TEL: 03-6264-0855（代表）
https://www.shunyodo.co.jp/

デザイン ―――― WHITELINE GRAPHICS CO.
印刷・製本 ―――― 株式会社クリード



ISBN978-4-394-88002-8 C0037